Petrus Ceelen

Wachsen wie die Steinpalme

Petrus Ceelen

Wachsen wie die Steinpalme

Sein Schicksal annehmen

PATRIS VERLAG

kbw bibelwerk

ISBN 978-3-87620-372-0
www.patris-verlag.de

ISBN 978-3-460-30247-1
www.bibelwerk.de

Umschlagbild: © aboutpixel.de/Markus Sohlbach
Umschlag: Finken & Bumiller, Stuttgart
Satz: Olschewski Medien GmbH, Stuttgart
Gedruckt in der Tschechischen Republik.

Inhalt

Für

Ägidius, Alex, André, Andrea, Angelo, Annerose,
Beate, Bernd, Blacky, Bonifatia, Bruno,
Carlo, Claudia, Dieter, Doris,
Eckart, Elfriede, Emma, Erich, Erika,
Franz, Gaby, Gerda, Gerhard, Gertrud, Günther,
Hans, Heidi, Hendrik, Horst,
Ingrid, Jan, Jacques, Jochen, Johan, Jonas, Josef, Jupp, Jürgen,
Luise, Lutgart,
Manfred, Maria, Markus, Martha, Martin, Michelle, Miri,
Nicole, Otto, Pamela, Paul, Peter,
Roger, Roland, Sarah Lee, Simone, Staf, Steffi,
Tanja, Theo, Tobias, Uwe, Waltraut, Werner, Wolfgang

Jede und jeder von ihnen hat auf irgendeine Weise
zu diesem Buch beigetragen.
Mehrere der hier Genannten sind schon gegangen,
aber mir immer noch nahe.

Die Geschichte von der Steinpalme

Eine Legende aus der Sahara, eine dieser Geschichten, wie sie in den arabischen Ländern abends am Feuer erzählt werden, lang und breit …

Ich erzähle die Legende hier in Kurzform. Es geht um eine eigenartig geformte Palme, gedrungen, mit einem mächtigen Stamm und starken Fächern, die aber nichts von der Heiterkeit hatte, die alle anderen Palmen so reizend macht.

Das Merkwürdigste aber war die Krone in der Palme. Darin lag ein mächtiger, rötlicher Stein. Wie der große Stein dort oben hingekommen war? Dies geschah vor vielen, vielen Jahren, als die so mächtige Palme noch ein winziger Baum war. Sie liebte den leisen Wind, die oft kalte Nacht, den Mond.

Die kleine Palme war glücklich – bis eines Tages ein Mann kam. Und was für einer! Er war tagelang durch die Wüste geirrt, hatte sein Hab und Gut verloren und war vor Durst und Hitze fast um seinen Verstand gekommen. Der Mann mit dem ausgedörrten Körper war verzweifelt, außer sich vor Wut. Er griff mit letzter Kraft nach einem großen Stein und hätte ihn am liebsten in die hohen Kronen der Palmen geworfen. Doch dazu war er viel zu schwach. Da sah er dann den jungen Baum stehen. „Warum sollst du wachsen und ich sterben?“, schrie der Mann und …

Die kleine Palme versuchte, den Stein abzuschütteln. Sie bat den Wind, ihr zu helfen. Aber es gab keine Hilfe. Gib es auf, sagte sich die kleine Palme, es geht nicht. Es ist dein Schicksal, so früh zu sterben. Füge dich! Lass dich selber los. Der Stein ist zu schwer. Aber da war eine andere Stimme, die sagte: Nein, nichts ist zu schwer. Du musst es nur versuchen, du musst es tun. Wie soll ich es tun?, fragte die Palme, der Wind kann mir nicht helfen. Ich stehe allein in meiner Schwachheit. Ich kann den Stein nicht abwerfen.

Du musst ihn nicht abwerfen, sagte wieder die andere Stimme. Du musst die Last des Steines annehmen. Dann wirst du erleben, wie deine Kräfte wachsen. Und der junge Baum nahm in all seiner Not seine Last an und verschwendete keine Kraft mehr an dem Bemühen, den Stein abzuschütteln.

Dann kam der Tag, an dem ihre Wurzeln auf eine Wasserader stießen. Da hatte die Palme dauernd Nahrung und begann in die Höhe zu wachsen. Ihr Stamm gewann mehr und mehr an Umfang. Der Baum hatte seine Last angenommen und hoch hinausgetragen. Der schwere Stein lag heute noch auf seinem Herzen, aber er war tragbar geworden.

Und die Moral der Geschichte? Nur die äußere Last erscheint uns untragbar. Ist sie angenommen, wird sie Teil von uns selbst.

Vorwort

Die Geschichte der Steinpalme ist vielen von uns wohl nicht bekannt. Aber kennen wir nicht alle dieses Immer-wieder-belastet-Sein und doch Zurechtkommen-Müssen?

Haben nicht auch wir einen schweren Stein auf der „Krone", den wir loswerden möchten? Eine Krankheit, ein Schicksalsschlag, familiäre Schwierigkeiten, eine Behinderung … Warum muss ich das tragen? Schicksal? Gottes Wille? Womit habe ich das verdient? Warum ich?

Warum nicht ich? Krankenhäuser, Kliniken, Pflegeheime, Hospize sind nicht nur für andere da. Manches kommt unvermeidbar auf uns zu. Es gibt Dinge, die können wir auch beim besten Willen nicht ändern. Es bringt nichts, uns gegen das Unabänderliche aufzulehnen. Damit vergeuden wir nur unsere Kraft.

Wir haben nicht die Wahl, ob wir leiden wollen oder nicht. Aber an uns liegt es, wie wir mit unserer Last umgehen. Unsere Einstellung zum unausweichlichen Leid können wir ändern. Wir können einen anderen Standpunkt einnehmen und unser „Päckchen" aus einer höheren Warte betrachten.

Mit der Geschichte der Steinpalme möchte ich einer fatalistischen Haltung nicht das Wort reden. Es geht nicht darum, die Hände vorschnell in den Schoß zu legen und zu allem gleich Ja und Amen zu sagen. Nein, das haben auch die Frauen und Männer nicht getan, von denen ich in diesem Buch erzähle. Sie zeigen uns aber, wie wir mit unserem Schicksal wachsen können. Zum Beispiel Beate. Durch die überaus schwere Last, die sie zu tragen hatte, ist sie immer weitergewachsen, weit über sich hinausgewachsen.

Waltraut, 43 Jahre lang MS-krank, ist ebenfalls mit ihrem „Schicksal“ gewachsen. Bei ihrer Trauerfeier war die Geschichte der Steinpalme das „Evangelium“.

Die Gute Nachricht: Ob Krankheit oder Schicksalsschlag, in jedem Leid, das uns widerfährt, steckt auch die Chance des Wachstums und der Verwandlung. Das Leiden kann uns aber nur verwandeln, wenn wir es annehmen.

Liebe Leserin, lieber Leser! Auch die eingestreuten Kurztexte, Gedichte und Geschichten möchten dir helfen, dein Los anzunehmen und zu wachsen wie die Steinpalme. Das wünscht dir

Dein Petrus

Das Leben ist nicht fair

Das Leben ist nicht fair. Davon kann nicht nur Herbert Grönemeyer ein Lied singen. Seine Frau erlag mit 45 Jahren einem Krebsleiden. Warum müssen Menschen gehen, die noch so gerne gelebt hätten? Mütter und Väter, die noch so sehr gebraucht wurden!? Und warum müssen andere in Alten- und Pflegeheimen weiterleben, die froh wären, wenn sie endlich sterben dürften?!

Das Leben ist nicht fair. Dieser Satz trifft den Nerv, den wunden Punkt in unserem Gerechtigkeitsempfinden. Immer wieder erleben wir, wie ungerecht es im Leben zugeht. Da kommt jemand bei einem Verkehrsunfall ums Leben, obwohl er Vorfahrt hatte. Der Unfallverursacher bleibt unverletzt. Menschen, die nicht geraucht haben, bekommen Lungenkrebs, während starke Raucher – mit der Zigarette im Mund – zu ihrer Beerdigung gehen. Und auch Herr T. kann es immer noch nicht fassen, dass gerade seine Frau an Krebs sterben wird: „Sie hat immer auf ihre Gesundheit geachtet und nie ein Getränk aus dem Kühlschrank genommen. Sie hat weder geraucht noch getrunken. Da gibt es andere, die zerstören sich selbst, aber die leben fröhlich weiter."

Gesundheit und Krankheit sind oft ungerecht verteilt, auch innerhalb einer Familie. Da hat der eine Sohn die gute Gesundheit seiner Mutter, während der andere Sohn alle Krankheiten des Vaters erbt: Diabetes, hoher Blutdruck, Parkinson, Prostatakrebs. Ungutes Erbgut, schlechte Gene. Da stirbt eine Frau mit 43 an Brustkrebs und jetzt hat es ihre 38-jährige Tochter erwischt. Und auch psychische Erkrankungen werden oft vererbt. „Warum muss ich auch noch Depressionen bekommen?", klagt die Tochter, „ich habe doch schon genug unter meinem schwer depressiven Vater gelitten."

Das Leben ist nicht fair. „Meine Frau musste mit 47 an einem bösartigen Hirntumor sterben", sagt ihr Mann. „Sie war so ein guter Mensch. Sie hat anderen immer nur geholfen und keiner Fliege etwas zuleide getan. Da gibt es andere, die leben rücksichtlos drauflos, aber denen passiert so etwas nicht."

Uns wurde beigebracht, dass Gott die Guten belohnt und die Bösen bestraft. Doch oft haben wir den Eindruck, dass es den Guten schlecht geht und den Schlechten gut. Es trifft oft die Falschen. Das beklagt auch der Prediger: „Es gibt Menschen, die nach Gottes Geboten leben und trotzdem elend umkommen. Aber andere, die Unrecht tun und sich um Gott nicht kümmern, genießen ihr Leben bis ins hohe Alter." (vgl. Koh 7,15). Das ist doch ungerecht. Und da sollen wir noch an einen gerechten Gott glauben? Wegen Unfair-Plays haben ihm Unzählige schon längst die rote Karte gezeigt und ihn des Spielfeldes verwiesen.

Aber auch wenn wir Gott aus dem Spiel lassen, die Ungerechtigkeit schreit zum Himmel. Manche haben von Kindesbeinen einen Platz an der Sonne, während andere schon vor ihrer Geburt auf der Verliererstraße sind. Warum haben manche so ein schweres Los? Warum ziehen die Loser immer nur Nieten? Wenn wenigstens alle die gleiche Chance in der Lotterie des Lebens hätten. Warum fällt den einen buchstäblich alles in den Schoß und warum stößt anderen nur Schreckliches zu? Ein 13-Jähriger wird mit einer Hacke in einer Scheune erschlagen. Seine Mutter und Schwester wurden drei Jahre zuvor ermordet. Sein Vater starb am Krebs. Seine Oma kam bei einem Brand uns Leben.

Eine „steinreiche" Familie.

Der große Stein wurde der kleinen Palme von einem „wüsten" Mann mitten in ihr Kronenherz gepresst. „Warum lebst du?", schrie der Mann. „Warum findest du Nahrung und Wasser und ich verdurste hier? Warum bist du jung und schön, warum hast du alles und ich nichts? Du sollst nicht leben!“ Doch die kleine Palme ging nicht ein, wie es der böse Mann gehofft hatte.

Ja, manche Menschen wachsen mit der Last, die sie zu tragen haben. Andere aber gehen an ihrem „Päckchen“ zugrunde. Voller Neid schauen sie auf die Schwerstbeladenen, die auch noch das Kreuz der anderen mittragen. Was macht sie so belastbar? Warum habe ich nicht die Kraft?

Das Leben ist nicht fair. Da gibt es Menschen, die haben gar keine Last zu tragen, gehen unbelastet durchs Leben. Und diese Glückspilze machen sich oft noch lustig über die Lastenträger. Viele Paare haben schwer daran zu tragen, dass sie keine Kinder bekommen können: Eileiterschwangerschaften, Fehl- und Totgeburten, die lang ersehnte Schwangerschaft blutet zwischen den Beinen heraus. Andere gebären ein Kind nach dem anderen …

Und auch Gevatter Tod ist ein gemeiner Gesell. Er nimmt Kindern das Leben und macht Eltern zu Waisen. Manche Zeitgenossen lässt er viele Monate lang zappeln und andere holt er heimlich im Schlaf. „Ich wär doch zuerst an der Reihe gewesen“, sagt die Oma von Max. Aber Freund Hein kennt keinen Kalender. Jeder kann der Nächste sein.

Unsere Lebenserwartung beträgt fast 80 Jahre, während 70 Prozent der Weltbevölkerung keine 50 Jahre alt werden. Bei uns muss an Aids fast niemand mehr sterben. Aber Tausende sterben täglich still in Afrika. Sie haben nicht das Geld für die teuren Medikamente, auch wenn diese nur einen Dollar am Tag kosten. Nicht die Krankheit, sondern die Armut kostet Millionen das Leben.

Und wie viele sitzen auch bei uns hinter Gittern, weil sie arm sind?! Sie werden für ihre Armut bestraft. Reiche trifft man nicht im Knast, auch wenn sie noch so viele krumme Dinge gedreht haben. Über die kriminellen Machenschaften der Banken wird der milliardenschwere Rettungsschirm aufgestellt, während der „Penner“ auf der Parkbank selbst sehen muss, wo er bleibt.

Wir sind nicht fair. „Fairteilen“: ein Fremdwort. Wir geben mehr Geld für Eiscreme aus als die Menschen in der sogenannten Dritten Welt für Nahrungsmittel. Ein Single bei uns verbraucht mehr Strom als ein ganzes afrikanisches Dorf. Wenn die Armen so viel Energie, Benzin und Wasser verbrauchten wie wir, bräuchten wir fünf Mutter Erde. Trotzdem singen wir weiter das alte Lied: *Das Leben ist nicht fair.*

Warum?

Viele Menschen lösen gerne Kreuzworträtsel. Wohl auch deshalb, weil wir das Kreuzwort unseres Daseins nicht lösen können. Warum? Die fünf Buchstaben durchkreuzen unser Leben. Wir wissen, dass die Warum-Frage nicht zu beantworten ist. Trotzdem oder gerade deshalb hören wir nicht auf, nach einer Antwort zu suchen. Doch alle unsere Antworten sind nur Worte, nichts als Worte. Es gibt keine Erklärung, die das dunkle Warum klärt und klarmacht, warum alles so ist, wie es ist. Warum leben wir hier auf diesem „Stecknadelkopf" im Universum, ganz allein im All? Warum gibt es uns? Warum gibt es nicht nichts?

Warum? Mit dieser Frage haben wir schon als Kind unsere Eltern genervt. Und wie! Warum stellen wir Menschenkinder Fragen, die niemand beantworten kann? *Die Antwort, mein Freund, weiß ganz allein der Wind, die Antwort weiß ganz allein der Wind …*

„Ach, daher weht der Wind", sagen wir und glauben die Ursache zu kennen. Aber wie oft versagt unsere Erkenntnis. Wie oft durchkreuzt das Warum unsere Erklärungsgründe. Warum gehen zwei Kinder aus einer Familie so verschiedene Wege? Der eine macht eine steile Karriere. Der andere gerät in jungen Jahren auf die schiefe Bahn. Warum gelingt es manchen, aus ihrer Sucht auszubrechen, und wieso bleiben die meisten in ihr gefangen? Das Leben ist voller ungelöster Rätsel. Immer wieder tappen wir im Dunkeln.

Auch medizinische Erklärungen bringen keine Klarheit in das dunkle Warum. „Es war ein Herzinfarkt", sagt er Arzt. Doch das ist nur eine Feststellung. Nicht einmal die Obduktion kann nachweisen, warum es bei diesem Menschen zu diesem Zeitpunkt zum Herzstillstand gekommen ist. Herzinfarkt mag die Ursache für den plötzlichen Tod gewesen sein. Es gibt immer etwas, was den Tod verursacht. Nur ist die Todesursache nicht die Antwort auf die Frage Warum. Und so fragt die junge Witwe weiter: „Warum wurde mein Mann schlagartig von meiner Seite weggerissen? Warum dieser Sekundentod? Er war doch immer so sportlich. Es gab keinerlei Vorzeichen. Oder hat mein Mann die Signale und Warnsymptome einer Herzerkrankung einfach ignoriert? Hatte er vielleicht einen Herzfehler? Waren es die Gene?“

Als eine krebskranke Frau eine Pfarrerin fragt: „Warum gerade ich?“, antwortet ihr die Pastorin: „So dürfen Sie nicht fragen.“ Vielleicht wollte die Pfarrerin damit sagen, dass es auf diese Frage keine Antwort gibt. Das wissen die Betroffenen selbst auch, und dennoch hören sie nicht auf zu fragen: Warum hat es gerade mich getroffen? Warum habe ich einen solch schweren Stein zu tragen? Warum diese Krankheit? Warum hat die Chemo bei mir nichts gebracht? Andere werden geheilt. Aber zu mir sagen die Ärzte: „Es tut uns leid, aber leider können wir für Sie nichts mehr tun.“ Warum kann man mir nicht helfen? Warum werde ich nicht wieder gesund? Es hat doch geheißen, dass meine Heilungschancen bei mindestens 80 Prozent liegen. Warum gehöre *ich* immer zu den Verlierern? Warum immer nur ich?

Warum denn ich? Wie viele zerbrechen sich den Kopf über diese Frage, während andere Betroffene sie gar nicht stellen. Sie finden es nur normal, dass es sie getroffen hat.

Warum reagieren zwei Menschen oft so unterschiedlich auf ein und dieselbe Erkrankung: der eine mit viel Angst und Panik, der andere mit heiterer Gelassenheit? Warum macht das Leid manche hart und bitter, andere dagegen gütig und mitfühlend? Warum tragen die einen ihr Kreuz mit großem Gottvertrauen und warum verlieren andere ihren Glauben? Sie können nicht mehr an einen gütigen Gott glauben, der sie so leiden lässt. Warum schaut er tatenlos zu? „Warum hat Gott nicht verhindert, dass ich zugestochen habe?“, fragte mich Bruno ganz leise. Andere Gefangene standen mit geballten Fäusten vor mir und haben mir das Warum ins Gesicht geschrien. Viele haben nicht mehr die Kraft zu schreien. Sie weinen das Warum still vor sich hin. Und so mancher stumme Blick fragt: Warum?

Als eine Frau zwei Monate nach dem Tod ihrer Tochter auch noch ihren Mann verliert, schreibt sie über seine Todesanzeige: „Wenn du den treffen solltest, der unsere Wege lenkt, frag ihn unverbindlich mal, was er sich dabei denkt." Andere fassen ihre Anklage in einem einzigen Wort zusammen: Warum?

Und wie oft steht die Warum-Frage zwischen den Zeilen: Völlig unerwartet … Ich habe mich entschieden … Im Alter von nur 31 Jahren … Drei Tage nach der Geburt … Viel zu früh … Bei Trauerfeiern steht die Warum-Frage meist unausgesprochen im Raum. Und auf so manchem Grab wird die Frage aller Fragen in Stein gehauen. *Warum?*

Die Warum-Frage hört mit dem Tod unserer Lieben nicht auf. Selbst wenn wir das „Darum" wüssten, würden wir wohl immer noch hartnäckig weiter bohren: Warum? Warum dieser Tod? Warum denn du?

Romano Guardini soll auf dem Sterbebett geäußert haben, er werde beim Jüngsten Gericht Gott als Erstes fragen, warum die Menschen so viel leiden müssen. Als es dann so weit war und der streitbare Theologe den Mund auftut, um Gott sein Warum entgegenzuschleudern, trifft ihn der Blick des Gekreuzigten. Und noch ehe er den Mund schließen kann, sind all seine Fragen beantwortet.

Ob uns diese „Antwort" auch zufriedenstellt? Die Frage bleibt: Warum? Fünf Buchstaben – horizontal und vertikal – und in der Mitte des Kreuzes das R – R wie Rose. Warum gibt es keine Rosen ohne Stacheln? Und trotzdem ist die Rose die Königin aller Blumen. „Die Ros' ist ohn' Warum", sagt Angelus Silesius, „sie blühet, weil sie blühet." Mit ihren zarten Blättern verhüllt die Rose ihr innerstes Geheimnis. Es gibt keine Liebe ohne Leid. Warum?

Die Ros' ist ohn' Warum.

Schicksal – Zufall – Gottes Wille

„Das ist Schicksal", sagen wir, wenn etwas passiert ist, das wir nicht erklären können. Aber was ist Schicksal? Die Bedeutung ist nicht eindeutig. Häufig wird Schicksal als eine unpersönliche Macht (Omen, Kismet, Los …) begriffen, die ohne direktes menschliches Zutun das Leben einer Person entscheidend beeinflusst. „Er wurde vom Schicksal schwer getroffen, als er mit 23 Jahren erblindete." Das Schicksal gilt meist als unvermeidbar: „Das Schicksal nahm seinen Lauf." Aber Menschen meistern auch ihr Schicksal oder nehmen ihr Schicksal in die eigene Hand. Das zeigt, dass wir dem Schicksal nicht hilflos ausgeliefert sind.

In der Mythologie wird das Schicksal personifiziert: Fortuna, Nornen, Tyche, Moiren, Parzen haben die Macht, das Leben wie auch den Weltlauf zu beherrschen. Die Göttinnen schicken dem Menschen das Schicksal. Auch heute noch gilt weithin die Vorstellung, dass das Schicksal eine Göttin sei, die ihre Pfeile auf Menschen richtet.

Es kann jeden treffen. Manchmal aber scheint es das blinde Schicksal auf eine ganz bestimmte Person oder Familie abgesehen zu haben. Eine Frau verliert ihren Mann bei einem Verkehrsunfall. Sie bleibt mit vier Kindern zurück. Die Frau heiratet wieder. Und auch ihr zweiter Mann verunglückt tödlich. Beide Male waren die Männer an dem Unfall unschuldig. Trotzdem wurden sie aus dem Leben gerissen, ihr von der Seite weggerissen. Als ob das Schicksal ganz gezielt diese Frau im Visier hätte. Blindwütig. Kein Wunder, dass sie mit dem Schicksal hadert.

Nicht selten schlägt das Schicksal aus heiterem Himmel zu. Da sitzt man gemütlich beim Grillen, ein Stückchen Fleisch gerät in die Luftröhre … Auch ein Zeckenbiss kann tödlich sein. Pech gehabt! Wen es trifft, hat Pech gehabt. Schicksal heißt oft nichts anderes als Pech gehabt.

Warum aber haben manche so viel Pech und andere so viel Glück? Warum haben manche Autofahrer das Pech, dass sie zum falschen Zeitpunkt am falschen Ort sind? Ein paar Sekunden früher oder später wäre nichts passiert.

Doch just in dem Moment prallen beide Fahrzeuge aufeinander. Der falsche Augenblick ist manchmal tödlich, fatal. *Fatum* das lateinische Wort für Schicksal.

Eine hundertstel Sekunde kann uns das Leben kosten. Ein „dummer Zufall". Ja, schon verrückt, was da manchmal zeitlich zusammen-, ineinanderfällt. Da wird eine Frau bei einem Gewitter in ihrem Auto von einem herabstürzenden Baum erschlagen. Da durchbricht ein LKW mit platten Reifen die Leitplanke auf der Autobahn und just in dem Moment kommt ihm von der anderen Seite ein PKW entgegen. Drei junge Menschen sterben. Eine Verkettung unglücklicher Zufälle?

Eine Fügung des Schicksals? Verfügt das Schicksal, wer, wann, wo sterben muss? Ist unser Schicksal bestimmt, unser Leben vorbestimmt? Steht bei unserer Geburt schon unsere Todesstunde fest? Wenn das Schicksal eine solch übermächtige Macht ist, wie frei sind wir denn eigentlich?

Auf dem Grab von manchen tödlich verunglückten Menschen steht ein steinerner Würfel. Das Los, das einem zufällt, ist Glückssache. Der Verunglückte hatte Pech. Sollen wir das auf seinen Grabstein schreiben: Pech gehabt? Sollen wir uns damit trösten? Warum haben manche so viel Glück beim Würfeln, während andere nicht einmal eine „kleine Straße" zusammen bekommen? Eine knifflige Frage. Alles Zufall, sagen manche. Aber woher fällt uns etwas zu? Haben wir das uns Zugefallene Gott zu verdanken? Albert Einstein sagt: „Der Alte würfelt nicht." Für die gläubigen

Juden aber lenkt Gott selbst den Wurf des Loses, auch wenn das den Loswerfern nicht in jedem Falle bewusst ist. Es gibt keine Zufallsentscheidung. In allem zeigt sich Gottes Wille. Da haben wir Kleingläubigen wahrscheinlich unsere Zweifel. Wir tun uns schwer, Gott überall am Werk zu sehen und sein Wirken auch im Zufälligen zu erkennen. Trotzdem glauben, ahnen auch wir vielleicht, dass es keine Zufälle gibt. Da läuft uns zufällig der Mensch über den Weg, den wir schon immer gesucht haben.

Zufall. Fällt uns zu, was fällig ist? Stößt jemandem das tödliche Unglück zu, weil er „fällig" ist? „Zufall ist die Logik Gottes", sagt Georges Bernanos. Logisch, dass wir diese nicht verstehen. Albert Schweitzer meint: „Der Zufall ist das Pseudonym, das der liebe Gott wählt, wenn er inkognito bleiben will."

Gläubige glauben nicht an Zufall. Sie fühlen sich nicht als Spielball eines blinden Schicksals, sondern nehmen ihr Geschick aus Gottes Hand. Sie vertrauen darauf, dass alles, was Gott tut, wohlgetan ist. „Gott macht keinen Fehler." Stark, wenn Trauernde das am offenen Grab eines Vaters von vier Kindern auch noch singen können.

Aber längst nicht alle stehen so unerschütterlich fest im Glauben. Viele zweifeln. Will Gott wirklich, dass ich diese Krankheit bekomme? Ist es sein Wille, dass meine Schwester so qualvoll stirbt? Ist es wirklich Gott, der die Schicksalsschläge schickt? Und wenn Gott schon Schicksal spielt: Warum trifft es denn (so) oft die Unschuldigen? „Gottes unerforschlicher Ratschluss" macht die Betroffenen oft noch ratloser. Und der Vater eines 4-jährigen Kindes, das an Leukämie gestorben ist, sagt zum Krankenhausseelsorger: „Verkaufen Sie mir den Tod meiner Tochter bloß nicht als Gottes Wille. Ein schöner Vater, der will, dass sein Kind stirbt!"

Woher wollen wir wissen, was Gott will? Da sagt eine Frau: „Zum Glück habe ich nicht geglaubt, dass Gott mir meinen Krebs auferlegt hat. Weil ich fest davon überzeugt war, dass es Zufall war, habe ich meinen Krebs überwunden."

Ja, so einfach ist das nicht mit dem gottgewollten Leiden. Denn dann hätte Jesus keine Kranke heilen dürfen. Der Heiland aber hat alles getan, damit Menschen weniger leiden. Darum hat er manche sogar am Sabbat geheilt. Um Gottes willen!

Mein Päckchen

Wenn ich sehe,
welch schweres Kreuz
Kranke mit sich schleppen,
vergesse ich mein Päckchen.

Wenn ich höre,
was Behinderte in ihrem Leben
alles zu verkraften haben,
vergesse ich meine Problemchen.

Wenn ich weiß,
welche Schmerzen andere
Tag für Tag aushalten müssen,
vergehen meine Wehwehchen.

Annahme verweigert

Ein Päckchen für Sie.
Ich will kein Päckchen.
Annahme verweigert.
Zurück an Absender.

Ein Päckchen für Sie.
Ich will das Päckchen nicht.
Annahme verweigert.
Zurück an Absender.

Ein Päckchen für Sie.
Ich will ein anderes Päckchen.
Zurück an Absender.
Annahme verweigert.

Womit habe ich das verdient?

„Ich möchte einmal wissen, was wir verbrochen haben", sagt die Frau, deren Familie von einem Schlag nach dem anderen getroffen wird. Und auch viele andere „Geschlagene" fragen: „Was habe ich denn getan? Womit habe ich das verdient?" Hinter dieser Frage steckt die Auffassung, dass jeder im Leben das bekommt, was er verdient. Dafür scheint der Herrgott persönlich zu sorgen. „Gott vergilt dem Menschen, wie er verdient hat, und trifft einen jeden nach seinem Tun" (Ijob 34,11). Dieser Vergeltungslehre wird durch die tägliche Erfahrung tausendfach widersprochen. Jeder bekommt – von Gott – das, was er verdient. Das klingt wie blanke Ironie. Trotzdem ist der Glaube an einen strafenden Gott immer noch weit verbreitet.

Als in der Stuttgarter Königstraße eine Mutter mit ihrem behinderten Kind spazieren ging, sagte ihr eine Frau: „Das haben Sie von Ihrem sündigen Lebenswandel."

Auch Aids gilt erschreckend vielen Christen immer noch als Strafe Gottes. Demnach dürfte es keine unschuldigen Kinder treffen. Ich habe immer noch die Frage der 13-jährigen aidskranken Miri im Ohr: „Wofür soll ich denn bestraft worden sein? Was soll ich denn im Bauch meiner Mutter verbrochen haben, dass ich mit dem HI-Virus zur Welt gekommen bin?"

Ich kann auch den jungen Mann im Gefängniskrankenhaus auf dem Hohenasperg nicht vergessen, der zusammen mit seinem Kumpel eine junge Frau brutal vergewaltigt hatte. Er saß im Rollstuhl und sagte mir: „Und Sie wollen mir erzählen, dass Gott unsere Sünden nicht bestraft. Dann schauen Sie mich doch an.

Kurz nach der Tat bekam ich Multiple Sklerose und mein Mittäter Hodenkrebs. Ist das nicht Beweis genug?"

Und was ist mit den vielen Kranken, die nichts auf dem Kerbholz haben? Sie können sich nicht damit entlasten, ihre Schuld durch ihre Krankheit abzutragen.

Wer sich selbst die Schuld an seinem Unglück gibt, leidet aber oft noch mehr als der „Unschuldige", der immer wieder fragt: Womit habe ich das verdient? Das Wissen, dass das Leid vermeidbar gewesen wäre, ist eine schwere Last. „Wäre ich damals nicht so gerast, säße ich heute nicht im Rollstuhl …" – „Hätte ich doch nicht so viele Kurze getrunken, hätte ich heute keinen Kehlkopfkrebs."

„Wie konnte ich nur so blöd sein, ohne Kondom mit dem ins Bett zu gehen? Ich habe mir mein Aids selbst eingebrockt." Wer glaubt, sich den Brocken selbst in die Krone gelegt zu haben, hat auch noch die Selbstvorwürfe zu tragen. Die selbst gezimmerten Kreuze wiegen am schwersten.

Noch einmal zu der Frage: Womit habe *ich* das verdient? Wenn ich so frage, sage ich damit eigentlich: Andere haben verdient, was ich jetzt erleiden muss.

Mein Leid hätte sie zu Recht getroffen, aber mich doch nicht.

Womit habe ich das verdient? Haben wir uns schon einmal überlegt, wie diese Frage bei Kranken und Behinderten ankommt? So als hätte ich – im Gegensatz zu ihnen – einen Anspruch darauf, von allem verschont zu bleiben.

Womit habe *ich* das verdient? Damit sage ich indirekt, dass andere ihr Leid schon verdient haben, aber ich doch nicht. Als wäre es mein Verdienst, dass ihr Unglück mich nicht getroffen hat.

Niemand hat es verdient, behindert oder krank zu sein, Krebs oder Aids zu haben. Es ist nicht mein Verdienst, wenn ich – bislang – noch gesund bin.

Verdient haben wir gar nichts. Und Gott sei Dank bekommen wir im Leben nicht immer das, was wir verdienen. Vielleicht sprechen wir auch deshalb nicht über unseren Verdienst, weil wir sehr wohl wissen, dass wir mehr haben, als wir verdienen.

Komisch: Bei einem Volltreffer im Lotto fragt keiner: Womit habe *ich* das verdient? Dabei ist die Chance, beim Lotto einen Sechser zu gewinnen, äußerst minimal: 1 zu 14 Millionen. Die Wahrscheinlichkeit, bei einem Gewitter vom Blitz getroffen zu werden, ist fünfmal höher. Trotzdem füllen jeden Mittwoch und Samstag Zigmillionen ihren Lottoschein aus, in der Hoffnung, Millionär zu werden. Dabei denken sie nicht daran, dass eine Hirnblutung, ein Schlaganfall, ein Herzinfarkt, eine Krebsdiagnose sie viel eher wie ein Blitz aus heiterem Himmel treffen könnte. Doch damit rechnen wir nicht. Aber beim Lotto rechnen wir uns eine Gewinnchance aus. Merkwürdige Wesen sind wir.

Womit habe *ich* das verdient? So fragt der Ich-Mensch, der nur sich sieht und sein eigenes Leid in den Mittelpunkt stellt. Er hat keinen Blick für das, was andere zu tragen haben. Der egozentrische Mensch dreht sich nur um sich, statt einmal nach links und nach rechts zu schauen. Dann würde er wissen, dass es ihm im Vergleich zu vielen anderen unvergleichlich gut geht.

Wenn wir ein Auge haben für das Leid unserer Mitmenschen, hören wir von selbst auf, selbstmitleidisch zu fragen: Womit habe ich das verdient?

Es heißt: Jeder ist seines Glückes Schmied. Was für ein blöder Spruch. Wer glaubt, dass er sein Glück selbst geschmiedet habe, der weiß nicht, was er alles anderen zu verdanken hat. Und der Glücksschmied hat keine Ahnung, wie viel Glück er an mancher Stelle in seinem Leben gehabt hat! Und wenn dem Glücksschmied etwas zustößt, ist er der Erste, der fragt: Womit habe ich das verdient?

Liebe Leserin, lieber Leser! Womit haben wir es verdient, dass wir in einem der reichsten Länder der Welt geboren wurden? Womit haben wir es verdient, dass wir hier auf einer Insel der Seligen leben, weit, weit weg von Erdbeben, Tsunamis, Naturkatastrophen, Hungersnöten und Bürgerkriegen?!

Womit habe ich es verdient, dass mir die „Gnade der späten Geburt“ zuteilwurde? Womit habe ich es verdient, dass ich zu einer Generation gehöre, die noch werden konnte, was sie wollte? Womit habe ich es verdient, dass mir so vieles zugefallen ist – unverdient!?

Hadern

Mit dem Schicksal hadern. Das tun vielleicht auch wir, weil das böse Schicksal es nicht gut mit uns meint und uns das Leben so schwer macht. Oder hadern wir mit dem Herrgott: Warum, Herr? Warum mutest du uns so viel zu?

Zu der dunklen Schicksalsmacht können wir nicht *Du* sagen und sie persönlich ansprechen. Wenn wir jene unergründliche Schicksalsmacht *Mein Gott* nennen, verliert sie das Unheimliche. Es ist schon ein großer Unterschied, ob wir mit einer unpersönlichen Schicksalsmacht hadern oder ob wir ein Gegenüber haben, dem wir unser Leid klagen können.

In den Klagepsalmen werden scharfe Vorwürfe gegen Gott erhoben. Da wird Gott lauthals angeklagt. Aber gehört es nicht zum Glauben, sein Kreuz geduldig zu ertragen?

Ijob war kein Dulder. Er rebelliert gegen Gott. Und dieser bestreitet Ijob nicht das Recht, gegen ihn aufzubegehren. Im Gegenteil: „Ijob hat recht geredet." Ijob lehnt es ab, sein Unglück als Strafe für offene oder verborgene Sünden anzunehmen „In mir kocht es", sagt er (Ijob 30,27), und er will von Gott wissen, warum der ihn leiden lässt. Er ist doch nicht schlechter als andere. Im Gegenteil. Ijob wird von Gott selbst „Gerechter" genannt. Und trotzdem trifft ihn ein Schicksalsschlag nach dem anderen. Erst verliert er Haus und Hof, dann kommen seine Kinder um. Und dann wird er selber auch noch mit Krankheit geschlagen und ist nur noch ein Häufchen Elend. Ijob schreit seine Verzweiflung hinaus, lässt seiner Klage freien Lauf.

Unsere Klagen sind oft auch Anklagen. Wie kann er das alles zulassen? Warum greift er nicht ein? Warum schickt er mir dieses

Leid? Mag sein, dass der große Gott seine Gründe hat, die wir kleinen Menschlein nicht verstehen. Aber genau das macht das Leiden ja so schwer: dass wir es nicht verstehen. Ohne zu wissen, warum es uns getroffen hat, sollten wir einfach einwilligen.

Wenn wir nur wüssten, warum Gott uns dieses oder jenes Kreuz auferlegt, könnten wir es leichter tragen und auch eher annehmen.

Gott anklagen. Dürfen wir kleine Würmchen das? Haben wir das Recht, uns auf den Richterstuhl und Gott auf die Anklagebank zu setzen? Nein, aber wir können den Großen Gott nicht einfach freisprechen. Dazu spricht zu vieles gegen ihn. Sicher wird unendlich viel Leid und Elend einzig und allein durch Menschen verschuldet. Dafür können wir Gott nicht verantwortlich machen. Aber wir können doch nichts für Krankheiten, angeborene Behinderungen, Erdbeben, Vulkanausbrüche …

Zu Gottes Ent-Schuldigung führen manche Theologen an: Gott will nicht das Leid, er lässt es nur zu. Doch was heißt da „nur"? Wie kann Gott all das Leid in der Welt zulassen? Das Zulassen ist doch auch eine Form des Wollens. Warum will Gott nicht, dass wir nicht leiden?

Wenn wir Gott danken für das Gute und Schöne in unserem Leben, haben wir auch das Recht, uns bei ihm für das Schwere zu beschweren. Wir brauchen nicht nur herunterschlucken und das Leid in uns hineinschweigen. Denn dann leiden wir doppelt und dreifach.

Ijobs Geschichte geht in der Bibel gut aus. Er wird wieder gesund und wohlhabend, bekommt auch wieder Kinder. Viele andere Ijobs überleben nicht. Sie stehen am Grab ihres Kindes und die meisten können nicht einfach sagen: „Der Herr hat es gegeben, der Herr hat es genommen – gepriesen sei der Name des Herrn."

Als ich Marlenes Mutter fragte, ob wir bei der Abschiedsfeier ihrer kleinen Tochter ein Vaterunser beten sollten, antwortete sie: „Nein, es gibt keinen Gott. Sonst hätte er nicht zugelassen, dass

Marlene mit vier Herzfehlern auf die Welt gekommen ist." Und wenn ich das Vaterunser an einem Kindergrab bete, verstehe ich erst die unglaublichen Worte: Dein Wille geschehe …

Gerade der Tod eines Kindes bringt auch tiefgläubige Menschen an den Abgrund der Verzweiflung. Manche greifen Gott öffentlich an, rebellieren ganz offen gegen ihn. Zum Beispiel in der Todesanzeige der 2-jährigen Sarah:

Gott, wo warst du?
Als Sarah dich nur einmal benötigte?
Warum nahmst du uns das Liebste, was wir hatten auf Erden?
Warum hast du auch diesmal versagt?
Gott, wer soll noch an dich glauben?
Die, denen du brichst das Herz!

Wo warst du? Wo bist du? Du siehst doch, wie elend ich daliege, völlig durchgelegen mit einem großen Loch im tiefen Fleisch. Siehst du nicht mein faustdickes Geschwür? Mein Geschwulst, das weiterwuchert? Warum, warum lässt du mich hier liegen?

Warum lässt du mich hier hängen? Am Kreuz hat Jesus sich von seinem himmlischen Vater im Stich gelassen gefühlt. In erschreckender Einsamkeit hat er geschrien: „Mein Gott, mein Gott, warum hast du mich verlassen?" Viele Theologen sprechen von der scheinbaren Gottverlassenheit und sagen: In Wirklichkeit war Gott da. Schon die späteren Evangelisten Lukas und Johannes konnten den unglaublichen Hilfeschrei Jesu nicht stehen lassen und legten ihm die erhabenen Worte in den Mund: „Vater, in deine Hände befehle ich meinen Geist" (Lk 23,46). „Es ist vollbracht" (Joh 19,30).

Für mich ist es tröstlich, dass auch Jesus das furchtbare Gefühl, von Gott verlassen zu sein, durchlebt, durchlitten hat. Das macht den geschlagenen Gottesmann so menschlich, dass er auch in tiefster Not wirklich einer von uns war. „Mein Gott, mein Gott, warum hast du mich verlassen?“ Der Schrei eines Menschen, der von Gott getrennt ist. „Warum hörst du nicht, wenn ich zu dir schreie, warum bist du so fern? Mein Gott, bei Tag und bei Nacht rufe ich um Hilfe, doch du antwortest nicht“ (Psalm 22).

Ehrlich vor Gott

Der MS-kranke Werner hat oft gewaltig mit dem „da oben“ geschimpft, wenn er wieder einmal hilflos mit seinen Krücken am Boden lag. „Du bist doch der Letzte, du … Was habe ich dir getan, dass es mir so dreckig geht?! Statt mir wieder auf die Beine zu helfen, schaust du von dort oben nur zu. Ohne mit der Wimper zu zucken, lässt du mich einfach liegen. Du siehst doch, wie ich mich quäle, aber nichts tust du, du …, du …“

Auch die tiefgläubige Erika hadert oft mit ihrem Herrgott. „Warum schickst du mir immer noch mehr? Mein Rucksack ist doch mehr schon als schwer genug. Beide Brüste amputiert. Seit fünf Jahren pflege ich meinen halb gelähmten Mann. Und den Tod von meinem drogenabhängigen Toni habe ich noch immer nicht überwunden. Und nun ist auch mein Jüngster wieder rückfällig geworden.

Warum lädst du mir immer noch mehr auf? Du, ich kann nicht mehr. Es heißt doch, dass du keinem mehr auferlegst, als er tragen kann. Aber du musst selbst doch auch wissen, dass es zu viel ist, was du mir aufbürdest.“

Die 28-jährige Tanja „betet“ noch ganz anders. Ohne Scham entleert sie sich vor ihrem Schöpfer. Tanja wurde von ihrem Vater seit dem 7. Lebensjahr missbraucht. „Wie oft habe ich mir die Seele aus dem Leib geschrien, aber er ist stumm geblieben. Unter Tränen habe ich ihn angefleht: Mein Gott, wenn du mich wirklich liebst, dann hole mich endlich zu dir! Aber ich hätte genauso gut mit der Wand reden können!“

Kein einziges Mal ist er mir in meiner Not zu Hilfe gekommen. Wenigstens ein Mal hätte er eingreifen, für mich Partei ergreifen können! Doch immer wieder hat er zugelassen, dass mein sogenannter Vater mir Gewalt antut. Als ich neun war, drang er einmal so tief in mich hinein, dass ich voller Blut war. Dann bin ich zu meiner Mutter gelaufen, aber die hat nichts gesagt. In meinem ganzen Leben habe ich nichts Schönes erlebt, habe nur gelitten. Das weiß dieser Gott ganz genau, der Allwissende. Er hat ja alles schon im Voraus gewusst. Längst vor meiner Geburt hat er schon gewusst, was für ein beschissenes Leben mich hier erwartet. Aber trotzdem hat er mich ins Leben gerufen. Warum, warum hat der „Gütige Gott" mich bei meiner Geburt nicht sterben lassen? Wie viel Leid hätte der „liebe Gott" mir damit erspart! Er hat doch genau gewusst, was mich erwartet. Und trotzdem hat er nichts dagegen unternommen. Nichts hat er getan, um mich aus den Klauen dieses Schweins zu befreien!"

Tanjas Rede klingt wie eine Gotteslästerung, aber sie zeigt auch, wie tief gläubig die geschlagene Frau ist. Es will ihr nicht in den Kopf, wie der Herr ihres Lebens so eine „Schweinerei" alle die Jahre hat zulassen können.

Beten ist Reden mit Gott. Demnach haben wir das Recht, Gott zur Rede zu stellen und ihm alles das zu sagen, was uns nicht passt. Wenn wir das tun, beschleicht uns leicht ein schlechtes Gewissen.

Tanja schüttet schonungslos ihr verwundetes Herz vor Gott aus, wirft ihm ihr „beschissenes Leben" vor die Füße. Und sie zweifelt daran, ob ihr Beten überhaupt einen Sinn hat.

Sind wir einmal ehrlich. Auch wir fragen uns manchmal, ob die Zwiesprache mit Gott nicht ein Selbstgespräch ist. Ist das Gebet keine Selbsttäuschung, kein Selbstbetrug? Ist es nicht unvernünftig, mit jemandem zu reden, der eisig schweigt? Und wenn er schon ein Ohr für uns hat, warum erhört er unsere Gebete nicht? Wie sollen wir noch an ihn glauben, wenn er sich nicht als Gott zeigt? Ist doch nur normal, dass wir manchmal wütend auf ihn sind und voller Aggressionen. Oder sollen wir unsere negativen Gedanken und

Gefühle Gott gegenüber unterdrücken? Dürfen wir denn nicht ehrlich sein vor Gott?

Als Theologe beschäftige ich mich mit der Theodizee, der Frage nach dem gerechten Gott angesichts der unschuldig Leidenden. Was kann ich gegenüber Tanja zur Rechtfertigung Gottes anführen? Soll ich ihr sagen, dass Gott uns gerade im Dunklen nahe ist und er mit uns leidet? In Tanjas Ohren muss das wie blanker Hohn klingen. Im dunklen Zimmer hat sie gerade Gottes Abwesenheit besonders schmerzlich erfahren. Wo war Gott, als er nicht da war?

Soll ich Tanja sagen, dass Gott ihr gerne helfen wollte, aber nicht konnte. Ich kenne schon ihre Antwort: „Was ist das für ein Herrgott, der mir nicht einmal helfen kann!? Warum soll ich mich denn in meiner Not an ihn wenden?" Oder soll ich den wahnsinnigen Versuch unternehmen, ihr klarzumachen: „Tanja, Gott hätte dir helfen können, aber er hat es nicht gewollt"? Aber dann erst recht wird sie sagen: „Was ist das für einen Gott, der all mein Leid hätte verhindern können, aber es nicht gewollt hat." Soll ich ihr versuchen zu erklären, dass Gott nicht eingegriffen hat, weil jeder Mensch die Freiheit hat, Böses zu tun? „Ach so!", erwidert mir Tanja: „Das Schwein kann machen, was es will. Und dann wollen Sie mir noch sagen, dass dieser Gott Liebe ist?"

Die Sache mit der Willensfreiheit ist tatsächlich höchst problematisch. Denn das hieße, dass Gott Auschwitz hätte verhindern können, aber es nicht gewollt hat, weil er nicht in die menschliche Freiheit eingreifen wollte. Das ist der Preis der Freiheit, dass der Mensch zum Mörder, zum Massenmörder wird. Aber ist dieser Preis nicht zu hoch, wenn Millionen Frauen, Männer und Kinder die Entscheidungsfreiheit mit ihrem Leben zahlen müssen? So stellt sich die Frage, die wir als Gläubige kaum zu stellen wagen: Ist Gott nicht schuld an all dem Grauenvollen in der Welt? Liegt die Verantwortung für das böse Tun des Menschen letztlich nicht bei dem, der ihn so geschaffen hat?

„Und es reute Gott, den Menschen geschaffen zu haben", so steht es im Buch der Bücher geschrieben (vgl. Gen 6,6). Gott stöhnte vor Weh, heißt es auf Hebräisch. Ich möchte nicht wissen, wie oft Gott Tränen der Reue weint. Aber kommt diese Reue nicht reichlich spät? Der Allwissende muss doch im Voraus gewusst haben, wozu wir Menschen fähig sind. Er weiß doch, dass in jedem von uns ein Mörder steckt. Ehrlich wahr.

Wunde Familie

Leben heißt auch verwundet sein. Wir alle tragen Narben und müssen damit leben. Ein Ort tiefer Verletzungen ist die Schule, wie uns Amokläufer zeigen. Viele Verwundungen geschehen auch in der Familie. Von Kindesbeinen an. Als Kind nicht richtig angenommen und geliebt zu werden, tut weh. Vielleicht leiden auch wir immer noch an der Wunde des ungeliebten Kindes. Ungewollte und uneheliche Kinder bekommen die Ablehnung vielfach schon sehr früh zu spüren. Es gibt auch Töchter, die für den Herrn Papa nicht viel zählen, weil sie „nur Mädchen" sind. Andere stehen ihr Leben lang im Schatten ihres (großen) Bruders, um den sich alles dreht. Aber auch Buben werden manchmal hintangestellt und haben unter mangelnder Liebe zu leiden.

Besonders schwer hat es das schwarze Schaf in der Familie, der Sündenbock. Was andere verbockt haben, wird ihm in die Schuhe geschoben. Der „Prügelknabe" bekommt die Prügel, stellvertretend für andere.

Zahlreiche Kinder sind physischer und psychischer Gewalt der Großen hilflos ausgeliefert. Schläge schlagen tiefe Wunden in die Seele eines Kindes. Und eines Tages wird das Opfer zum Täter, der Geschlagene zum Schläger. Das ist nicht immer so, aber oft, allzu oft. Das heißt nicht, dass eine schwere Kindheit zwangsläufig in die Kriminalität führt. Es gibt Männer und Frauen, die unter sehr schwierigen Familienverhältnissen aufgewachsen sind, und heute sind sie gute Eltern. Ehemalige Heimkinder sind dem Leben oft besser gewachsen als die verwöhnten Mama- und Papakinder.

Es gibt im Arabischen das schöne Bild von der Dattelpalme: Man legt auf den Dattelkern einen Stein und der muss zunächst weggedrückt werden von dem Samen, der sich entfaltet, damit ein großer Baum entsteht.

Ja, manche haben eine schwere Kindheit erlebt und sind doch kraftvoll daraus hervorgegangen. Bei vielen aber lastet der Stein immer noch auf ihrer Seele.

Sie können das in der Kindheit erlittene Leid nicht überwinden. Wunden bleiben zurück. Erst recht ist sexueller Missbrauch eine Lebenswunde, eine Wunde fürs Leben. Die meisten versuchen die Schmerzen in der Seele mit Drogen zu betäuben. Aber die sogenannten Betäubungsmittel machen das Elend nur noch größer: Abhängigkeit, Gefängnis, Prostitution, Hepatitis, Aids, Leberzirrhose …

Drogenabhängige Mütter werden quasi gezwungen, ihr Kind zur Adoption freizugeben. Es tut weh, ein Kind zu bekommen und doch keines zu haben.

Manche Kinder kennen ihren Vater/ihre Mutter nicht und machen sich eines Tages auf die Suche nach dem „vermissten" Elternteil. Wenn sie ihn dann gefunden haben, gibt es oft nicht nur Freudentränen, sondern auch bittere Vorwürfe: „Wo warst du all die Jahre, als ich dich so sehr gebraucht habe? Warum hast du mich weggegeben? Warum wurde ich adoptiert?"

Die meisten Kinder können nicht einmal verstehen, warum die Eltern sich scheiden lassen. „Mein Papa und meine Mama wissen doch, dass ich sie beide brauche, sie beide liebe. Warum trennen sie sich denn? Bin ich vielleicht schuld? Warum bin ich nicht wert, dass die Eltern zusammenbleiben?" Scheidungskinder wissen oft nicht, wo sie hingehören. Viele Scheidungswaisen verbringen die eine Woche bei diesem, die andere Woche bei jenem Elternteil.

Und auch in den Ferien geht es weiter mit dem Teilen der Kleinen. Es tut ihnen weh, entzweit zu werden, aufgeteilt wie ein Stück Kuchen.

Aus Sicht der Eltern mag eine Scheidung oft auch für die Kinder das kleinere Übel sein. Sie brauchen dann die ständigen Streitereien nicht länger zu ertragen. Aber Kinder denken: Papa und Mama brauchen sich doch nicht zu streiten. Sie brauchen sich doch nur wieder zu vertragen.

Die Scheidung der Eltern ist für viele Kinder ein tiefer Einschnitt in ihre Lebensgeschichte. Und auch der „sitzen gelassene“ Partner hat an der Trennung oft schwer zu tragen. Es tut weh, durch eine(n) andere(n) ausgewechselt, ausgetauscht, ersetzt zu werden. Verletzte Liebe führt vielfach zu Hass, kann tödlich sein. Im Gefängnis sind mir nicht wenige Männer begegnet, die die Wunde einer enttäuschten Liebe nicht verwunden haben. Männer neigen dazu, Beziehungskonflikte gewaltsam zu „lösen“. Viele Tötungsdelikte werden von verletzten Männern begangen. Verwundete Frauen richten ihre Aggressionen eher gegen sich selbst.

In einer Paarbeziehung sind Menschen besonders verletzlich. Ein Partner kennt die Schwachstelle des anderen. Er weiß genau, wo dessen wunder Punkt ist. Er kennt das Stich-Wort, das dem anderen ins Herz sticht. Und trotzdem oder gerade deshalb sagt er es ihr. Die Verletzung sitzt tief: Wie kann der Mensch, den ich liebe, mir so wehtun? Wie kann er mir ausgerechnet das sagen, was ich nicht hören kann? Mit Wörtern Wunden schlagen. Verletzte verletzen. Sie schlagen zurück mit „schlagenden“ Worten, mit „spitzen“ Bemerkungen, mit „stichhaltigen“ Verleumdungen, mit „beißendem“ Spott. Von beiden Seiten wird scharf geschossen. Mancher Schuss trifft den „Feind“ mitten ins Herz oder unter die Gürtellinie. Am Ende des Wortgefechts gibt es keinen Sieger, nur verwundete Seelen bleiben zurück. Und am meisten tun uns oft die Wunden weh, die wir dem anderen zugefügt haben.

Auch die Beziehung zwischen Eltern(teilen) und erwachsenen Kindern ist oft ganz wund. Manchmal genügt ein einziges Wort, um (wieder) verletzt zu sein. Die alte Wunde platzt wieder auf. Nicht nur Gesagtes, auch Nicht-Gesagtes kann verwunden. Vergeblich wartet man auf ein kleines Lob, ein anerkennendes

Wort, ein Danke. Und wie viele warten immer noch darauf, endlich einmal gedrückt zu werden. Es tut weh, von „Fremden" mehr Herzlichkeit und Zuneigung zu erfahren als von seinem eigenen Vater oder seiner Mutter.

Liebe Leserin, lieber Leser, es ist wohl unser aller „Schicksal", dass wir von unseren Geschwistern, Eltern, Kindern, Kleinkindern manchmal verletzt werden und auch wir sie verletzen. Wunden, Verletzungen, Blessuren, Narben gehören zu einer „normalen" Familie. Auch wenn wir nicht in einer heilen Familie leben, so kann sie doch heilsam sein und unsere gegenseitigen Wunden heilen.

Der Sprung in der Schüssel

Es war einmal eine alte chinesische Frau, die zwei große Schüsseln hatte, die an den Enden einer Stange hingen, die sie über ihren Schultern trug.

Eine der Schüsseln hatte einen Sprung, während die andere makellos war und stets eine volle Portion Wasser fasste. Am Ende der langen Wanderung vom Fluss zum Haus der alten Frau war die eine Schüssel jedoch immer nur noch halb voll.

Zwei Jahre lang geschah dies täglich: Die alte Frau brachte immer nur anderthalb Schüsseln Wasser mit nach Hause. Die makellose Schüssel war natürlich sehr stolz auf ihre Leistung, aber die arme Schüssel mit dem Sprung schämte sich wegen ihres Makels und war betrübt, dass sie nur die Hälfte dessen verrichten konnte, wofür sie gemacht worden war.

Nach zwei Jahren, die ihr wie ein endloses Versagen vorkamen, sprach die Schüssel zu der alten Frau: „Ich schäme mich so wegen meines Sprungs, aus dem den ganzen Weg zu deinem Haus immer Wasser läuft."

Die alte Frau lächelte. „Ist dir aufgefallen, dass auf deiner Seite des Weges Blumen blühen, aber auf der Seite der anderen Schüssel nicht? Ich habe auf deiner Seite des Pfades Blumensamen gesät, weil ich mir deines Fehlers bewusst war. Nun gießt du sie jeden Tag, wenn wir nach Hause laufen. Zwei Jahre lang konnte ich diese wunderschönen Blumen pflücken und den Tisch damit schmücken. Wenn du nicht genauso wärst, wie du bist, würde diese Schönheit nicht existieren und unser Haus beehren."

(Autor unbekannt)

Wähle!

Ein Mensch beklagte sich über sein zu schweres Kreuz. Der Herrgott hatte Erbarmen mit ihm und führte ihn in einen großen Raum, wo alle Kreuze der Menschen aufgestellt waren, und sagte zu ihm: Wähle!

Der Mensch machte sich auf die Suche. Da sah er ein ganz dünnes Kreuz, das jedoch sehr lang war. Er sah ein ganz kleines in der Ecke liegen, aber als er es aufheben wollte, war es schwer wie Blei. Dann sah er eines, das gefiel ihm und er legte es auf seine Schultern. Doch da spürte er, dass das Kreuz an der Stelle, wo es auf der Schulter lag, eine scharfe Spitze hatte, die ihm wie ein Dorn ins Fleisch drang. So hatte jedes Kreuz etwas Unangenehmes.

Als er fast alle Kreuze durchgesehen hatte, entdeckte er noch eines, das etwas versteckt stand. Das war nicht zu schwer, nicht zu leicht, so richtig handlich, wie geschaffen für ihn. Dieses Kreuz wollte er in Zukunft tragen. Als er genau hinschaute, stellte er fest, dass es das Kreuz war, das er bisher getragen hatte.

(nach Adelbert von Chamisso)

Große Sorgenkinder

Ja sagen zu seinem Schicksal. Das klingt wie Hohn in den Ohren vieler Menschen. Alles in ihnen wehrt sich dagegen, zu bejahen, was sie nicht annehmen können.

Die Mutter von Josef, schon seit dreißig Jahren schwerst suchtkrank, sagt: „Jetzt ist er ‚nur' noch tablettenabhängig. Wenn Josef seine Tabletten nicht hat, kann er sich nicht im Spiegel anschauen. Er ist so unsicher, hat überhaupt kein Selbstbewusstsein, fühlt sich als absoluter Versager. Seine Schwester ist Ärztin, die hat alles mit links geschafft. Und bei Josef fing es schon mit 14 an: Drogen – Therapie. Eine Zeit lang war ich noch guter Hoffnung, Die Ärzte haben uns damals gesagt: ‚Wenn einer es schafft, dann ist es Josef.' Inzwischen hat er unzählige Therapien gemacht, und wie viele abgebrochen. Er ist austherapiert. Wenn ich frühere Klassenkameraden von Josef sehe, bin ich neidisch. Warum hat mein Josef sein Leben nicht auf die Reihe gebracht? Er hat doch so viele Chancen gehabt. Was haben wir falsch gemacht?

Ich bin inzwischen 74 und bin so müde, so müde. Wie oft sehne ich meinen Tod herbei, aber ich kann nicht sterben. Denn ohne mich ist Josef total verloren. Allein kommt er nicht klar. Ich habe schon oft gedacht: Ach wäre er doch tot. Das wäre leichter anzunehmen. Doch dann schäme ich mich und denke: Was bist du bloß für eine Mutter, dass du den Tod deines Kindes herbeisehnst! Aber ich bin am Ende und möchte endlich zur Ruhe kommen."

Ein behindertes Kind macht den Eltern viele Sorgen, manchmal schon vor der Geburt. Und wenn bei der Geburt auch etwas schiefgelaufen ist, wollen die Eltern es oft nicht wahrhaben. „Nicht unser Kind." Ärzte täuschen sich. Und selbst wenn sie recht haben, gibt es doch noch Hoffnung. Hoffnung auf ein Wunder. Aber es geschieht kein Wunder. Es bleiben Pein, Schmerz, ohnmächtige Wut, dunkle Gedanken, Schuldgefühle ... Es kann lange dauern, bis Eltern mit der Tatsache leben lernen, dass sie Mutter/Vater sind von einem Kind, das anders ist als andere Kinder. So manche Ehe zerbricht an einem behinderten Kind. Andere Paare wachsen umso enger, inniger zusammen.

Ich denke an Lutgart und Johann. Als ihr schwerstbehindertes Kind Sarah Lee'ke mit 21 starb, sagten sie zum Abschied: „Du konntest nicht sehen, nicht hören, nicht sprechen, nicht aufstehen, nicht essen. Doch du konntest lächeln wie kein anderes Kind. Ein inneres Licht verlieh deinem Gesicht einen tiefen Glanz, voller Freude. Deine blinden Augen erzählten. Dein Mund sprach keine Worte und doch schien es so, als wärst du ständig im Gespräch.

Viele sagten: ‚Ach Arme, was ist mit dem Kind?' Wohl tausend Mal haben wir das gehört. Doch Sarah Lee'ke, lass sie nur reden, denn du, mein Kind, warst unser Sternchen. Wir liebten dich, so wie du warst. Mit der Zeit bekamen wir ein Auge für die positiven Seiten, statt blind auf das zu starren, was du nicht kannst.

Natürlich war es oft schwer, unsagbar schwer, aber was hast du nicht alles ausgehalten! Jedes Mal, wenn du am Wochenende zu uns kamst, war es ein Fest: Jubeln, Jauchzen, Kuscheln, Strahlen, Lachen. Du hast uns viele kleine Freuden geschenkt, Freuden, von denen wir früher nichts verstanden.

Auch wenn wir erleichtert sind, dass du nicht mehr leiden musst, so möchten wir dir nach 21 Jahren doch auch noch sagen: So gerne hätte ich von dir ein einziges Mal das Wörtchen ‚Mama' gehört. So gerne hätte ich deine Stimme vernommen und dir etwas in dein

Ohr geflüstert. So gerne hätte ich erlebt, dass du uns ein einziges Mal gesehen hättest, nur ein einziges Mal … So gerne hätten wir dir ein Eis gekauft, zusammen mit dir am Strand nach den Möwen geschaut …

Nun bist du wie ein Engelchen davongeflogen zu Opa Jan und findest Wärme bei Onkel Hermann. Du lachst uns aus dem Himmel zu, du Sara Lee'ke – Puppemieke!“

Ein Manager gesteht: „Ich hatte nie geglaubt, dass ich Vater eines behinderten Kindes sein kann. Ich hatte solche Angst. Aber durch meinen Jungen bin ich ein ganz anderer geworden und möchte nicht mehr der sein, der ich war.“

Nun ist Uwe, 53, gestorben. Es war der Schlusspunkt nach einer langen Drogenkarriere. Die hat Uwe auch mehrmals ins Gefängnis gebracht. Außer seiner Mutter hat ihn dort niemand besucht. Es tat Uwe arg leid, dass er seiner Mutter so viele Sorgen bereitet hat. Er war ihr großes Sorgenkind. Uwes Bruder verstand nicht, dass seine Mutter ihn nicht schon längst vor die Tür gesetzt habe. Doch das brachte Uwes Mutter nicht übers Herz. „Er ist doch immer noch mein Sohn. Ich liebe meine beiden Kinder, aber der Uwe hat mich immer am meisten gebraucht“, sagt die 76-jährige Frau.

Uwes Tod macht seine Mutter tieftraurig, aber sie ist auch erleichtert, dass er vor ihr hat gehen dürfen. „Sonst hätte ich mich bis zum letzten Atemzug gefragt: Was wird aus Uwe werden? Jetzt brauche ich mir keine Sorgen mehr um ihn zu machen. Gut, dass es so gekommen ist!“

Was wird aus meinem Kind, wenn ich nicht mehr da bin? Diese Sorge plagt viele Mütter von Behinderten, psychisch Kranken, Drogenabhängigen und anderen großen Sorgenkindern. Hendrik, von Geburt an spastisch gelähmt, starb mit 61 Jahren an einer Lungenentzündung. Hendriks Mutter hatte den schweren Stein ihres Jungen all die Jahre mitgetragen. Sein Tod hat sie erlöst von ihrer schwerer Last. Sie starb zwei Tage nach ihrem Sorgenkind.

Die Last und Mühen des Alters

Anti-Aging. Was für ein Wort! Als ob wir das Altern aufhalten könnten. Unaufhaltsam lässt der Körper mit der Zeit nach. So manches hängt. Das Gesetz der Erdanziehung. Natürlich. Altersbedingte Beschwerden, Krankheiten, körperlicher und geistiger Abbau, Inkontinenz, Windeln …

Alles kein Problem – zumindest im Fernsehen. Dort sehen wir die Glücklichen, die die Last und die Mühen des Alters leicht besiegen. Die Senioren im Fernsehen strotzen alle vor Kraft und Gesundheit.

Aber gehen wir einmal in die Alten- und Pflegeheime. Es macht Angst. In der sogenannten Seniorenresidenz sehen wir, wie hoch der Preis ist für das Immer-älter-Werden. Alzheimer, Demenz, Parkinson, Hirnblutung, Schlaganfall. Das *Schlägle*, wie die Schwaben sagen, haut Menschen um, lähmt sie, legt sie lahm, raubt ihnen die Sprache, macht sie sprachlos. Oder die Worte stimmen nicht mehr mit dem überein, was man sagen will. Wer sich nicht mehr verständigen kann, fühlt sich leicht unverstanden. Und auch für die Familie ist es sehr schwer, wenn keine normale Verständigung mehr möglich ist. Manchmal bleibt nur noch die Möglichkeit, sich schreibend mitzuteilen oder Ja oder Nein zu nicken. Der Umgang mit Demenzkranken ist oft noch schwieriger. Kennt mein Mann mich noch? Weiß er überhaupt, dass ich da bin?

Wir wissen nicht, was in einem dementen Menschen vorgeht, was er empfindet, was ihn beschäftigt. Oft zieht der Demente sich ganz in sich zurück, sodass er für andere unerreichbar ist. Er versinkt in eine Welt, zu der niemand noch Zutritt hat. Viele sitzen da mit leerem Blick, scheinen ganz abwesend zu sein. Und dann sagen sie plötzlich etwas, was darauf hinweist, dass sie mehr mitbekommen, als wir meinen. Denn auch der Mensch, der an Alzheimer leidet, hat oftmals noch helle Momente; doch dann ist er wieder so verwirrt, dass er nur noch durch die dunkle Nacht umherirrt.

Auch wenn der Demenzkranke keine Reaktion zeigt, tut es ihm trotzdem gut, wenn andere liebevoll mit ihm umgehen, ihn mit seinem Namen ansprechen. Wichtig ist auch die körperliche Berührung, der Hautkontakt, erst recht, wenn es mit der verbalen Kommunikation nicht klappt.

Manche sehen in der Demenz den Beweis dafür, dass die Natur es gut mit uns meint. Weil die Demenz uns davor schützt, unseren körperlichen Verfall bei klarem Bewusstsein mitzuerleben. Und es ist auch gut, selbst nicht mitzukriegen, wie das ersparte Geld, die Wohnung, das Häusle für das Heim draufgeht.

„Alt werden will jeder. Doch keiner will alt sein." Mit zunehmendem Alter werden die Grenzen zwangsläufig größer und die Möglichkeiten kleiner. Wir verlieren an Größe, wachsen wieder zur Erde zurück. Wir brauchen einen Stock, eine Gehhilfe, einen Rollstuhl, ein Pflegebett. Unausweichliche „Fortschritte" im Alter. Dieses „Schicksal" annehmen, das ist ein schwerer Brocken. Annehmen, dass wir vieles nicht mehr können, was früher von selbst ging. Das darf doch nicht wahr sein: Uns nicht mehr selbst anziehen können, den eigenen Hintern nicht mehr abputzen können. Immer weniger können. Hilfe brauchen, abhängig sein. Viele schämen sich, von den eigenen Kindern gewaschen, geduscht zu werden. Manche halten voller Scham die Hand vor das Gesicht. Sich die Windeln anziehen zu lassen, sich selbst in Pampers zu sehen, gepudert und gewickelt zu werden: ein Riesenbaby zu sein, das muss erst einmal verkraftet werden.

Vor allem Menschen, die immer selbstständig waren und ihr Leben selbst bestimmt haben, fällt es besonders schwer, Hilfe anzunehmen und auf andere angewiesen zu sein. Es kostet Kraft, jedes Mal um Hilfe zu klingeln und zu warten, bis jemand kommt, der einen aufrichtet, umdreht, umbettet, trockenlegt …

Und wenn man dann selbst nichts mehr zu sagen hat und der Betreuer alles regelt, weil man als „geschäftsunfähig“ gilt. Aber auch ohne Vormund fühlen viele Alte sich entmündigt.

Senioren sind oft alles andere als „pflegeleicht“. Nicht wenige sind sehr aggressiv, schimpfen, schlagen mit bissigen Bemerkungen und gemeinen Worten wild um sich. Manche hauen kurzerhand auch einmal richtig zu. Sie können sich mit ihrer hilflosen Lage nicht abfinden und annehmen, dass sie so schwach und hilfsbedürftig geworden sind.

Viele werden per Magensonde ernährt. obwohl es medizinisch nicht (mehr) notwendig wäre. Die Magensonde entlastet nicht nur die Pfleger, sie beruhigt auch die Angehörigen. Löffel für Löffel Essen geben ist sehr viel aufwändiger. Wer gefüttert werden muss, bekommt oft Pflegestufe drei, mit der Magensonde Pflegestufe zwei. Die Magensonde ist billiger. Die Pflegeversicherung rechnet ganz genau. Wasserlassen mit Intimpflege 2–3 Minuten – Entkleiden 4–6 Minuten. Ankleiden 8–10 Minuten – Zeit ist Geld. Die Schwester der Sozialstation hat keine Zeit. Auf die Minute genau muss sie alles durchziehen. Und auch im Pflegeheim geht alles nach der Uhr. Die Schwestern haben kaum Zeit für ein Gespräch mit den „Insassen“.

Auch die ständige Diskussion über Pflegenotstand und die Kosten ist belastend. Sie haben ohnehin schon das Gefühl, dass sie anderen nur noch zur Last fallen. Tatsächlich fühlen sich pflegende Töchter und Söhne mit ihren alten Eltern oft sehr belastet. Sie kommen an ihre Grenzen, wissen nicht, was tun. Einerseits möchten sie „Oma“/„Opa“ nicht in ein Heim „abschieben“, sondern zu sich nach Hause holen – oder sie dort behalten. Andererseits bedeutet das auch Einschränkungen, Spannungen, die das Zusammenleben belasten. Es kann lange dauern, bis Angehörige sich eingestehen, dass sie mit der häuslichen Pflege eigentlich überfordert sind. Am Ende bleibt oft nichts anderes übrig, als Mutter/Vater doch in ein Heim zu bringen – mit einem schlechten Gewissen. Der letzte Umzug – gegen den Willen der Alten – Anti-Aging.

Wir wissen, dass das Alter manche Last mit sich bringt. Trotzdem tun wir alles, um möglichst alt zu werden. Nur möchten wir nicht so alt sein. Sondern so wie die Senioren im Fernsehen. Aber es kommt so oder so.

Einsam und allein

Allein sein muss nicht Einsamkeit bedeuten. Wir sind manchmal ganz gerne allein, ziehen uns von den anderen zurück. Freiwillig. Wir sind so frei. Wenn wir aber gezwungen sind, die meiste Zeit allein zu sein, dann sind wir einsam.

„Es ist nicht gut, dass der Mensch allein sei“, heißt es schon auf der ersten Seite der Bibel. Nicht umsonst sind so viele auf der Suche. Längst nicht alle finden die/den „Richtige(n)“. Das kann dauern, aber Hoffnung stirbt bekanntlich zuletzt. Und so geht die Suche weiter – per Kontaktanzeige, im Internet, im Chatroom, am Arbeitsplatz, im Urlaub, in der Kur. Die meisten sind auf der Suche nach einem Menschen, der das Leben mit ihnen teilt – und nicht nur das Bett für eine Nacht. Sie suchen einen Partner, der nicht gleich wieder geht, wenn es Probleme gibt. Aber viele wollen sich nicht (mehr) binden. Sie möchten total ungebunden sein. Die Kehrseite ihrer Freiheit: Einsamkeit. So mancher „Freier“ sehnt sich nach einem Menschen, der immer bei ihm bleibt, ihn auch dann noch liebt, wenn er krank, alt, gebrechlich ist.

Wie viele sind nicht freiwillig allein. Sie kommen nicht an, stoßen auf Abneigung, Ablehnung, Abwehr. Sie sind allein mit sich. Und wie viel einsamer wären sie noch ohne ihre Katze, ihren Hund, ihren Vogel. Es tut ihnen weh, wenn andere montagsmorgens im Geschäft erzählen, was sie am Wochenende mit ihrer Familie oder Freunde unternommen haben.

Einsamkeit betrifft nicht nur Alleistehende. Manche sind „normal“ verheiratet und trotzdem einsam. Beide Partner leben nebeneinander. Keine Berührung, kein Streicheln, keine Zärtlichkeit, kein liebes Wort. Einsam zu zweit. Nicht wenige lassen sich scheiden, weil sie des Alleinseins müde sind.

Sehr einsam sind oft auch Menschen, die nicht „normal“ sind und abweichen von der Norm. Sie laufen nicht mit dem Haufen mit, gehen eigene Wege.

Obdachlose, Drogenabhänge, „Penner“, Bettler ... Manche stehen einen ganzen Tag in der Fußgängerzone, ohne dass ein Mensch ein Wort mit ihnen spricht.

Andere leiden unter furchtbaren Angstzuständen, schließen sich ein und trauen sich nicht unter die Leute. Sie erleben die bittere Wahrheit des Begräbnisliedes: „Die Wege sind verlassen und oft sind wir allein, in diesen grauen Gassen will niemand bei uns sein.“

Viele reden mit sich selbst, führen endlose Selbstgespräche. Und nebenbei läuft der Fernseher, nur um das Gefühl zu haben, nicht allein zu sein.

Wie einsam Menschen sind, wird uns immer wieder bewusst, wenn wir in der Zeitung eine solche Schlagzeile lesen: „76-jährige Frau vier Monate unentdeckt tot in ihrer Wohnung“. Kein Mensch hat sie vermisst. Meist macht der überfüllte Briefkasten die Nachbarn erst darauf aufmerksam, dass da etwas nicht stimmt. Oder der starke Verwesungsgeruch. Das kommt nicht nur in Hochhäusern und Wohnsilos vor, sondern auch in Mehrfamilien häusern. Jeder hat Nachbarn, aber viele haben niemanden, der sich für sie interessiert. Geschweige denn jemanden, der sich um sie kümmert. Mitten unter uns wohnen erschreckend viele Frauen und Männer, die niemandem noch etwas bedeuten.

Andere sind mit ihrer Kraft am Ende. Sie sehen oft keinen anderen Ausweg, als sich auf gewaltsame Weise zu töten. Einige fahren ins Ausland, um dort mit ärztlicher Hilfe aus dem Leben zu scheiden. Wer keinen begleiteten Suizid in Betracht zieht, kann meist auch nicht mit seinen engsten Angehörigen und Freunden über seine Absicht sprechen. Denn sonst geht er das Risiko ein, in eine psychiatrische Einrichtung eingewiesen zu werden. So wird er mit seinen suizidalen Gedanken allein gelassen und sieht am Ende oft keine andere Möglichkeit, als sich vor den Zug zu werfen, aus dem Fenster zu springen, sich zu erhängen, sich zu erschießen, sich mit Autogasen zu vergiften ...

Jeder dritte Suizid wird von Menschen über 60 begangen. Viele haben Angst, im Alter Fremden völlig hilfos ausgeliefert zu sein. Angst, mit sich allein zu sein, auf sich selbst zurückgeworfen. Nur noch Dahinzuvegetieren, ohne Hoffnung auf Besserung. Und auch die Angst, beim Sterben allein gelassen zu werden, treibt betagte Frauen und Männer in den Tod. Angst, mit der Angst allein zu sein – im Angesicht des Todes.

Manche nehmen sich das Leben, um wieder bei ihrem geliebten Partner zu sein. Andere sterben einen natürlichen Tod und folgen ihrem Schatz kurze Zeit später. Nicht alle haben die Kraft, das Alleinsein auf Dauer zu ertragen.

Allein zu sein!
Drei Worte, leicht zu sagen.
Und doch so schwer –
so endlos traurig zu tragen.

Von jedem Paar bleibt am Ende eine oder einer allein übrig. So ist das Leben. Das wissen wir. Aber was das bedeutet, wissen nur diejenigen, die allein zurückbleiben – die Hinterbliebenen. Kein Abend mehr zu zweit. Morgens aufzuwachen und zu sehen, dass das Bett leer ist. Kein gemeinsames Frühstück mehr. Viele haben das Glück, dass sie Kinder und Enkel haben, die ihnen helfen, die Trauer zu überwinden. Gerade die Kleinkinder tun Oma/Opa oft gut, lenken sie ab, fordern sie. Und dennoch sagen Witwen/Witwer: „Es fehlt mir der Mensch, der mir am nächsten stand. Er war mir so vertraut. Mit ihm konnte ich über alles reden. Auch ohne Worte haben wir uns verstanden. Er brauchte mich nur anzuschauen, und schon habe ich gewusst, was er meint."

Warum kann ein Paar nicht gleichzeitig sterben? Warum geht es uns nicht so wie Philemon und Baucis? Ihnen wurde von den Göttern der Wunsch erfüllt, sich auch nicht im Tod trennen zu müssen. So wurden sie am Ende ihres Lebens in zwei Bäume verwandelt. Philemon wird eine Eiche, Baucis eine Linde.

Ja, als Palme weiterleben wäre auch nicht schlecht. Aber dann ohne Stein. Endlich frei sein von allem, was uns hier auf Erden das Leben schwer gemacht hat. Endlich befreit sein von der Last, die Millionen ein Leben lang bedrückt: Alleinsein.

Damit leben …

Mit dem Tod des geliebten Menschen zu leben, ist schwer, vor allem dann, wenn er sich das Leben genommen hat. Auch wenn wir die Entscheidung zur Selbsttötung respektieren, können wir sie deshalb noch nicht akzeptieren. Bei einem natürlichen Tod, Unfall oder Schicksalsschlag ist irgendwie doch eine höhere Macht im Spiel, während der Suizid von der Person selbst begangen wird. Die Annahme einer Selbsttötung wird auch dadurch erschwert, weil sie uns auf so erschreckende Weise klarmacht, wie wenig wir eigentlich von dem Menschen wussten, der uns so nahestand. Plötzlich merken wir, dass wir doch nicht so gute Menschenkenner sind, wie wir gerne glauben.

„Sie war immer so fröhlich, aufgeweckt, war gut drauf. Nie hätte ich es für möglich gehalten, dass die lebenslustige Heidi so etwas machen würde." – „Unzählige Male haben wir miteinander geredet, gelacht, gefeiert. Dabei hatte ich keine Ahnung, was in meinem Bruder wirklich vor sich ging." Ja, wir schauen oft allzu sehr auf das Äußere, lassen uns vom Schein leiten und haben oft keine Ahnung, wie es in einem Menschen aussieht.

Nach einem Suizid fragen wir uns: Warum habe ich seinen versteckten Hilferuf nicht gehört? Warum habe ich ihren heimlichen Hilfeschrei überhört? Warum habe ich das Warnsignal nicht wahrgenommen? Im Nachhinein verstehen wir oft erst die Bedeutung einer Andeutung, die Tragweite eines Wortes, doch dann ist es zu spät, und auch die Vorwürfe bringen nichts: Hätte ich doch (nicht) … Wäre ich nur … Und warum habe ich nicht …? Vielleicht hätte ich dann die Katastrophe vermeiden können.

Da ist die Tochter des Mannes, der immer wieder seinen Suizid angekündigt hat. „Wenn meine Krankheit mich noch weiter einschränkt, erschieße ich mich." Als ihr Vater dann seine „Drohung" in die Tat umgesetzt hat, macht die Tochter sich große Vorwürfe. „Vielleicht hätte es mein Vater doch nicht gemacht, wenn ich mich mehr um ihn gekümmert hätte. Ich hätte mehr mit ihm reden sollen".

Mit einem Suizid werden wir nie ganz fertig. Das Gefühl, versagt zu haben, trifft sowohl Angehörige wie Freunde. Denn niemand hat ihn „davon" abhalten können. Und wenn dann noch das Gefühl hinzukommt, dass wir uns vielleicht falsch verhalten haben, wiegen die Schuldgefühle besonders schwer.

Ich weiß, wovon ich rede. Als ich einem Gefangenen, der wegen sexuellen Missbrauchs an seinen drei Töchtern in Untersuchungshaft saß, sagte, dass ich nicht länger an seine Unschuld glaube, war er am nächsten Morgen nicht mehr am Leben. Oder ich denke an den Insassen, der sich in der Nacht am Gitterkreuz erhängt hat, nachdem wir am Vorabend lange miteinander gesprochen hatten. Wenn ich anders mit dem verzweifelten Mann geredet hätte, ihm mehr Mut zugesprochen hätte, würde er heute vielleicht noch leben …

Wir wandeln unsere Schuldgefühle oft um in die Suche nach einem Schuldigen. Oder wir geben dem „Selbstmörder" selbst die Schuld.

Manche sind voller Wut gegenüber dem Menschen, der so gegangen ist. „Wie kann eine Mutter ihr Kind nur so allein zurücklassen?" – „Mein Mann hat nur an sich gedacht. Ich aber stehe jetzt mit allem allein da. Das Haus, der Schuldenberg, die Gläubiger. Hat mein Mann mich und die Kinder überhaupt geliebt?" Bei vielen bleiben Zorn, Ärger und auch Hass zurück. Das führt oft wieder zu neuen Schuldgefühlen.

Auch die Tötungsart macht vielen Hinterbliebenen zu schaffen: „Dass mein Sohn nicht mehr leben wollte, das kann ich irgendwie noch akzeptieren. Aber dass er sich vor den Zug geworfen hat und dadurch auch noch dem Lokführer solches Leid zugefügt hat, das kann ich ihm nicht verzeihen." Viele Zugführer leiden tatsächlich unter posttraumatischen Belastungen. Sie müssen damit leben, einen/mehrere Menschen überfahren zu haben. Obwohl sie daran völlig unschuldig sind, belastet sie die gefühlte Schuld.

Damit zu leben, fällt uns auch deshalb so schwer, weil wir den genauen Grund für die Selbsttötung oft nicht kennen. Und selbst wenn wir ihn kennen, ist der Suizid für uns meist nicht nachvollziehbar. „Wegen einer Frau wirft man doch sein Leben nicht weg. Und wegen *der* erst recht nicht." In unseren Augen hätte es doch noch einen anderen Ausweg aus der Sackgasse gegeben. Nur, *den* konnte der Verzweifelte in der dunklen Nacht seiner Seele nicht sehen. Er sieht nur die Erlösung, die der Tod bringt. In dem Augenblick, in dem ein Mensch den letzten Schritt tut, denkt er nicht daran, was er mit diesem Tod seinen Lieben antut. Wenn er sich das vor Augen halten würde, könnte er nicht Hand an sich legen. Doch das können die Angehörigen oft nur schwer verstehen. „Unser Vater weiß gar nicht, welche Schande er über uns gebracht hat! Das ganze Dorf redet über uns. Das hätte er doch wissen müssen. Er hat nicht nur sich, sondern auch uns das Leben genommen. Und wenn er sich schon erhängen wollte, warum dann auch noch unter unserem Dach? Wie sollen wir hier noch weiterleben?"

Wer aus dem Leben scheidet, denkt nicht daran, was für eine schwere Last er anderen aufbürdet, welch schweren Stein er ihnen auf die Krone legt. Und dieser Stein wird für die Angehörigen erst recht zu einer schier unerträglichen Last, wenn der „Selbstmörder" ihnen auch noch die Schuld gibt, schwarz auf weiß im Abschiedsbrief: „Ihr hattet ja keine Zeit, mich zu besuchen. Jetzt braucht ihr mich auch nicht auf meinem letzten Weg zu begleiten. Ich will anonym beigesetzt werden, ohne euch!" Das schreibt eine Mutter ihren Kindern, bevor sie sich eine Plastiktüte über den Kopf stülpt und qualvoll erstickt. Aber auch ohne Abschiedsbrief ist der

Suizid oft ein fuchtbarer Denkzettel: Da wirft ein Mann seiner Frau den Ehering vor die Füße und sagt: „Du wirst noch ein Leben lang an mich denken …“ Dann geht er fort, mietet sich in einem Hotel ein und bringt sich dort im Bad um.

Damit leben. Daran wachsen? Nicht selten wird der Suizid eines Menschen zur Bruchstelle in der Biografie seiner Lieben, die damit leben müssen.

Weise Schicksalsworte

So sind die Schicksalswege dieser rauen Welt:
Heute wirst du sanft in den Sattel gehoben
und morgen wird der Sattel dir auf die Schultern gelegt.

Firdausi

Der ist der Selbsterkenntnis
und Selbstverwirklichung am nächsten,
der mit seinem Schicksal zufrieden und einig ist,
denn die Zufriedenheit ist die Fröhlichkeit des Menschen,
auch in der Bitterkeit des täglichen Lebens.

Persische Weisheit

Lebe dein Leben.
Dir sind die Stunden, die Wege gegeben,
ehe du sie gehst.
Klage nicht über die anderen,
die hellere Wege wandern,
die du nicht gehst.
Erfülle dein Los,
dann bist du auf deinem Wege groß.

Autor unbekannt

Habe dein Schicksal lieb,
denn es ist der Weg Gottes
mit deiner Seele.
Fjodor Dostojewski

Klage nicht so sehr über einen kleinen Schmerz,
das Schicksal könnte ihn durch einen größeren heilen.
Johann Peter Hebel

Achte auf Deine Gedanken, denn sie werden Deine Worte
Achte auf Deine Worte, denn sie werden Deine Gefühle.
Achte auf Deine Gefühle, denn sie werden Dein Verhalten.
Achte auf Deine Verhaltensweisen,
denn sie werden Deine Gewohnheiten.
Achte auf Deine Gewohnheiten,
denn sie werden Dein Charakter.
Achte auf Deinen Charakter, denn er wird Dein Schicksal.
Achte auf Dein Schicksal,
indem Du jetzt auf Deine Gedanken achtest.
Talmud

Eine wahre Geschichte

Unsere Lebensgeschichte
ist kein Roman, kein Märchen, keine Story,
sondern eine wahre Geschichte aus Fleisch und Blut.
Jeden Tag kommt eine neue Seite in unserem Buch dazu.
Jedes Blatt hat zwei Seiten. Die eine, vordere Seite schreiben wir
und die andere füllt die Vorsehung. Oder ist es das Schicksal?
Vielleicht schreiben wir die Rückseite auch dem Zufall zu.
Stimmt es, dass vor aller Zeit schon geschrieben stand,
wann uns die Feder aus der Hand genommen wird?
Und wenn es dann eines schönen Tages so weit ist,
werden die bunten Buchdeckel zugeschlagen
und der schöne Sargdeckel zugeschraubt.
Kein Happy End, nur die Hoffnung,
dass wir nicht abgeschrieben sind.

Alles im Griff!?

Keine Mutter muss noch ein behindertes Kind zur Welt bringen. Gendefekte und Chromosomen-Anomalien können durch Pränataldiagnose in der Frühschwangerschaft ausgeschlossen werden. Und auch schwere erblich bedingte Krankheitsveranlagungen weiß die Präimplantationsdiagnostik, die PID, zu verhindern. Wer trotzdem ein behindertes Kind bekommt, ist „selbst schuld".

Auch Kinderlosigkeit gilt heutzutage nicht mehr als Schicksal. Reagenzglas, künstliche Befruchtung, Samenspender, Leihmutter ... Es gibt so viele Möglichkeiten, zu einem Kind zu kommen. Was machbar ist, wird getan. So wird das „Schicksal" auf allen Gebieten besiegt. Die Mediziner scheinen alles im Griff zu haben. Sie verpflanzen Herzen, Nieren und Leber. Leblose werden wieder belebt. Menschen, die schon mit einem Bein im Grab standen, werden wieder zurück ins Leben geholt. Kein Problem. Die Machbarkeit lässt uns fast vergessen, dass es den Tod noch gibt. Alles, was an unsere Sterblichkeit erinnert, wird weggeredet, weggearbeitet, weggewalkt, weggeschminkt, weggeschluckt, weggespritzt, weggeschnitten. Und wenn wir dann trotz Möhren, Müsli und regelmäßiger Vorsorgeuntersuchung krank werden, sind wir gekränkt. So, als hätten wir einen Anspruch darauf, für immer gesund zu bleiben.

Lange Zeit traf Kranke keine Schuld. Heute gelten nicht nur Lungenkrebs, Leberzirrhose, Aids, Geschlechtskrankheiten als selbst verschuldet. Ob Herzinfarkt, Bandscheibenvorfall oder Osteoporose: Alles ist mit einer Schuldzuweisung verbunden: Falsche Ernährung, Übergewicht, mangelnde Bewegung, Stress, erhöhte Cholesterinwerte und andere Risikofaktoren. Die Rede ist auch von „Krebspersönlichkeiten“: Menschen, die ihre Gefühle unterdrücken und alles in sich hineinfressen. Mit anderen Worten: Du bist selbst schuld, dass du Krebs hast. Unverantwortlich, Menschen auf diese Weise die Verantwortung für ihre Krankheit zuzuschreiben. Und was ist mit den „Persönlichkeiten“, die ihre Gefühle ausleben und trotzdem an Krebs sterben? Andere glauben, dass Tumore die nicht geweinten, verschluckten Tränen sind. Demnach dürften Menschen, die nahe am Wasser gebaut sind, keinen Tumor bekommen.

Es ist das Los des Menschen, dass er krank werden kann und vorzeitig stirbt. Schicksal: für Mediziner ein Fremdwort. Mit allen möglichen Mitteln bekämpfen sie das Schicksalhafte. Umso größer die Ratlosigkeit, wenn sie eine Krankheit nicht in den Griff bekommen.

In den hochgerüsteten Kliniken gilt der Tod als Störfall. „Da muss etwas schiefgelaufen sein“, heißt es auch bei der 90-jährigen Oma. Beim Exitus sind die Ärzte mit ihrem Latein am Ende. Erst recht, wenn ein junger Mensch während oder nach einer Routineoperation stirbt. Da bleibt am Ende der Aufklärung nur die „Erklärung“: schicksalhaft.

Auch bei einen „normalen“ Todesfall können sich Angehörige oft nicht „damit“ abfinden. Sie suchen nach einem Schuldigen und finden meist auch einen: „Wenn der Arzt rechtzeitig erkannt hätte, woher die Rückenschmerzen kommen.“ – „Der Arzt hat gar nicht gemerkt, dass Mutter so tief unten war. Er hätte ihr Antidepressiva geben sollen.“ Die Schuldzuweisung mag berechtigt sein, sie bringt nichts, bringt den Verstorbenen nicht zurück.

Uns ins Unvermeidbare zu fügen, fällt uns schwer, zumal fast alles vermeidbar scheint. Und so kommt es zu den unvermeidlichen Todesanzeigen, in denen dem Schicksal die Schuld zugeschrieben wird:

Du wolltest noch leben, aber das Schicksal hat anders entschieden.

Das Schicksal hat nicht gewollt, dass die Operation gelingt.

Ein gutes Herz hörte plötzlich auf zu schlagen,
warum?, möchte man das Schicksal fragen,
doch der Schicksalsmund bleibt stumm.
Du wolltest bei mir bleiben, doch das Schicksal hat es nicht gewollt.

Warum ist das Schicksal so böse? Warum reißt es Paare auseinander? Und trotzdem macht das übermächtige Schicksal die Trauer erträglicher. Gegen das übermächtige Schicksal kommt man nicht an.

Als Angelo an einer Überdosis starb, sagte sein Vater: „Das ist Schicksal." Angelos Schwester hängt auch an der Nadel. Ist Drogenabhängigkeit Schicksal? Nein, aber der Schicksalsglaube hilft Angelos Vater, sein schweres Los anzunehmen und mit dem Tod seines Sohnes zu leben.

Wer an die Macht des Schicksals glaubt, wird entlastet. Er braucht sich selbst nicht mit Schuldgefühlen zu belasten und zu fragen: Was habe ich falsch gemacht? Der Schicksalsgläubige braucht sein eigenes Verhalten nicht zu hinterfragen, denn das Schicksal ist ja schuld.

Gegen die Schicksalsmacht ist der Mensch ohnmächtig: Da kann man halt nichts machen. Diese Einstellung führt dazu, dass Menschen oft resigniert die Hände in den Schoß legen, statt zu handeln. Die steigende Zahl der Diabetiker ist kein Schicksal, sondern die Folge von Übergewicht. Jedes sechste Kind bei uns ist viel zu dick. Und auch die Zunahme von Altersdiabetes hat ihre Ursache in einer ungesunden Lebensweise. Seine Gewohnheiten ändern, seine Ernährung umstellen ist nicht einfach. Einfacher ist es, seine Krankheit als Fügung des Schicksals anzusehen, gegen das man sowieso nichts tun kann. Oft kapitulieren wir viel zu schnell vor dem sogenannten Schicksal.

Schicksal kommt vom altniederländischen schicksel, „Fakt". Fakt ist, dass manches passiert, was wir nicht im Griff haben. Wer glaubt, dass er Herr seines Lebens ist, wird durch die „Fakten" eines Besseren belehrt. Niemand von uns hat sein Leben in der Hand. Sagen wir deshalb so oft: Alles im Griff!?

Krankheit als Schlüssel

Waltrauts Leben war ein langer Leidensweg. Ein echter Kreuzweg. Waltraut hatte Angst, dass die zwölfte Station besonders schwer werden würde. Sie hatte Angst, zu ersticken. Gott sei Dank ist ihr das erspart geblieben. Wenigstens ein gnädiges Ende! Es ist, als ob der Herrgott persönlich ein Einsehen gehabt hat und sie an einem schönen Sommermorgen nicht mehr hat aufwachen lassen.

Als der Arzt 1956 Waltraut die MS-Diagnose eröffnete, sagt er ihr: „Sie haben noch zwei Jahre oder länger." Der Arzt kannte Waltraut wohl nicht, wusste nicht, was für eine willensstarke Frau er da vor sich hatte. Sie dachte nicht daran, sich geschlagen zu geben. Waltraut hat alle möglichen Therapien unternommen, als „Versuchskaninchen" bei Tests mitgemacht. Sie hat alles getan, um den schweren Stein abzuschütteln, und dachte nicht daran, die widrige Krankheit anzunehmen. Dazu war Waltraut viel zu stolz. Sie konnte es nicht ertragen, dass die MS sie vielfach so gedemütigt hat. Es hat die selbstbewusste Waltraut gekränkt, dass sie allein nicht mehr klarkam und Hilfe brauchte. Mit aller Kraft hat sie sich gegen das Krankenbett gewehrt. Und später gegen den Rollstuhl.

Und als sie dann noch Pampers gebraucht hat … Es hat ihr unsäglich wehgetan, dass sie ihre Enkel nicht in den Arm nehmen konnte. Und wie oft musste sie ein Telefonat abbrechen, weil sie den Hörer nicht mehr halten konnte.

Waltraut hatte nicht nur die schwere Last der Krankheit zu tragen. Sie verlor auch noch ihren Hans-Peter, der mit 20 Jahren an Leukämie starb. Ihr Junge, der seiner Mutter so ähnlich war. Waltraut saß manchmal in einem tiefen Loch, aber auch wenn sie tief unten war, ist sie immer wieder aufgestanden. Sie hat sich behauptet, ihren Kopf immer noch hoch getragen, schön frisiert.

Es war bei Waltraut wohl ein langer, jahrzehntelanger Prozess, bis sie ihre Krankheit angenommen hat. Dazu musste sie viele innere Widerstände überwinden und auch ein Stück weit über ihren eigenen Schatten springen. Dadurch sind ihr aber Kräfte zugewachsen, die eigentlich übermenschlich sind.

In den 46 Jahren ihrer MS hat Waltraut uns gezeigt, wie aus einem Minus an Gesundheit ein Plus an Stärke erwachsen kann. Das Kreuz war für Waltraut auch ein Pluszeichen. „Wie vielen guten Menschen bin ich begegnet, die ich ohne Erkrankung nicht kennengelernt hätte. So viele Freunde, die das Schwere mitgetragen haben."

Obwohl Waltraut die letzten Jahre zunehmend an ihr Bett gebunden war und immer pflegebedürftiger wurde, hat sie sich nicht aufgegeben. „Ich habe hier noch einen Auftrag zu erfüllen", hat Waltraut oft gesagt, auch wenn sie selbst nicht wusste, worin ihr Auftrag (noch) bestand.

Vielleicht war ihr aufgetragen, uns die Augen zu öffnen, was ein Mensch alles aushalten kann. Uns begreifen zu helfen, was für ein Riesengeschenk es ist, morgens gesund aufstehen zu können! Von Waltraut habe ich gelernt, dass Kranke sehr wohl heil sein können. Andere sind gesund, aber nicht heil. Waltraut war eins mit sich. „Ich möchte niemand anders sein", sagte sie. „Sicher wäre ich manchmal froh, wenn ich mich etwas mehr bewegen könnte und weniger Schmerzen hätte, aber ich bin froh, dass ich ich bin! Ich möchte mit niemandem tauschen. Durch meine Krankheit habe ich Erfahrungen gemacht, die ich nicht hergeben möchte. Die gehören mir." Durch ihre Krankheit hat Waltraut Einsichten gewonnen, die uns Gesunden verschlossen bleiben.

André Gide schreibt: „Krankheiten sind Schlüssel, die uns gewisse Tore öffnen." Kranken geht auf, dass eigentlich nichts selbstverständlich ist. Sehen, hören, essen, schlucken. Nichts versteht sich von selbst. Einatmen – Ausatmen, das Wichtigste im Leben. Doch das weiß nur der Asthmatiker. Das Wunder des Lebens erschließt sich oft erst durch die Krankheit.

Durch einen Herzinfarkt kommen viele erst zu der Einsicht, dass sie nicht „richtig" leben. Es braucht manchmal Umwege, um zu tieferen Erkenntnissen zu gelangen. Nach einem Suizidversuch wurde eine junger Mann im letzten Moment gerettet. „Seitdem bin ich geheilt von meinen dunklen Gedanken und denke nicht mehr daran, mein Leben wegzuwerfen."

Bei einem Unfall wurde eine Frau lebensgefährlich verletzt und lag wochenlang im Koma. Als sie wieder zu sich kam, sagte sie: „Ich hatte immer Angst vor dem Tod. Doch jetzt weiß ich, dass Sterben das Schönste im Leben ist. Mein Unfall hat mich geheilt von meiner Angst."

Pamela, 44, stellt fest: „Seit ich HIV-positiv bin, ist vieles im wahrsten Sinne des Wortes positiv geworden. Ich lebe viel intensiver als früher. Da habe ich zum Beispiel gar nicht gemerkt, wie die Knospen im Frühling aufgehen und das Leben aufblüht. Heute höre ich die Vögel zwitschern und freue mich des Lebens. Seit meine Helferzellen gezählt werden, kenne ich erst das Wunderwerk des Immunsystems. Das Wunder des täglichen Lebens hat sich mir neu erschlossen. Es ist wunderbar, dass ich – noch – lebe! Sicher: Ich kenne auch die negativen Seiten des Positiv-Seins. Doch durch die schmerzvollen Erfahrungen sind mir Kräfte zugewachsen, die mich stark machen. Ich kann besser mit anderen mitfühlen, mitleiden, mittragen. Ich bin mitmenschlicher geworden. Und dafür bin ich dankbar."

Eine krebskranke Frau, 55, bekennt: Durch meine Krankheit habe ich vieles gelernt. Ich habe gelernt, mich mit meinem geschiedenen Mann zu versöhnen. Auch mit seiner Frau bin ich im Reinen. Ich traue mich kaum, es zu sagen. Aber ich bin dankbar für meine Krankheit."

Sollen wir auch noch dankbar sein für den Stein, den wir zu tragen haben?

Nein. Nein. Ich möchte das Leid nicht verklären. Aber ist es nicht verrückt? Wir tun alles, um das Leid zu vermeiden, und trotzdem möchten wir die schweren Zeiten in unserem Leben nicht missen. Es sind die leidvollen Erfahrungen, die uns weitergebracht haben auf unserem „steinigen" Weg. Wenn alles glatt läuft, werden wir oberflächlich. Dann fehlt uns der Tiefsinn und das Mitgefühl für die Menschen, die einen noch weitaus schwereren Stein zu stemmen haben als wir.

Der Glaube hilft

„Ich habe Alzheimer. Das ist furchtbar", sagt Elfriede. „Manchmal finde ich nicht mehr den Weg zu meinem Zimmer, kann die Tasse nicht mehr an meinen Mund bringen. Aber wenn der Herrgott mir das auferlegt, dann muss ich das annehmen."

Der Glaube macht Menschen auch bereit, den Tod anzunehmen als von Gott geschickt. Und so können sie am Ende ihres Lebens sagen: „In deine Hände lege ich voll Vertrauen meinen Geist" (Ps 31,6).

Glaube ist Vertrauen. Wir trauen Gott zu, dass er dafür sorgt, dass alles gut ausgeht. Dass er auch das Böse zum Guten wendet.

Wie oft sagt Jesus zu den Kranken: Dein Glaube, dein Vertrauen hat dich gerettet. In der Muttersprache Jesu, im Aramäischen, gibt es nur ein Wort für Glaube und Vertrauen. Glauben ist Vertrauen. Wer Gott vertraut, ihm sein Leben und Leiden anvertraut, braucht keine Angst zu haben. Er weiß: Was immer auch kommen mag, ich bin in der Hand Gottes.

Nicht der heilige Paulus, sondern der Häftling Paul schreibt: „Für Christen ist es kein Unglück, in den Himmel eingeladen zu werden. Nein. Im Gegenteil! Kürzlich habe ich solch eine freundliche und erfreuliche Einladung zum Fest des ewigen Lebens erhalten. (Es wurde nämlich ein großer Tumor an meiner Leber festgestellt, der nicht mehr kuriert werden kann.) Der exakte Zeitpunkt meiner Heimberufung wurde mir allerdings nicht genannt. Der Überraschungseffekt soll bewahrt werden bis zum letzten Moment."

Nur ganz wenige reagieren so „fröhlich" auf ihr Todesurteil. Die meisten haben Angst vor dem, was da noch alles auf sie zukommt. Untersuchungen, Operation, Chemotherapie, Bestrahlung, Amputation … Auch Gläubige lehnen sich auf, sprechen Worte der Wut und der Verzweiflung. Oft es ist es ein sehr mühsamer Weg, bis sie so weit kommen, dass sie sich Gottes Führung so bedingungslos anvertrauen können, wie Psalm 23 es ausdrückt:

Und muss ich auch wandern in finsterer Schlucht,
ich fürchte kein Unheil, denn du bist bei mir.
Dein Stock und dein Stab geben mir Zuversicht.

Zu wissen, dass der göttliche Weggefährte mit uns geht, nimmt Angst, gibt Kraft. *Denn du bist bei mir.* Du begleitest mich durch die finstere Schlucht, du führst mich durch den Engpass. Dein Stock und dein Stab geben mir die Zuversicht, dass mir eigentlich nichts passieren kann. Egal, was passiert. *Denn du bist bei mir.*

Immanuel Kant sagt: „Ich habe in meinem Leben viele kluge und gute Bücher gelesen. Aber ich habe in allen nichts gefunden, was mein Herz so still und froh gemacht hätte wie die vier Worte aus dem Psalm 23: Du bist bei mir."

Der aidskranke Bernd war in seiner langen „Drogenkarriere" nicht nur durch die finstere Schlucht, sondern durch die Hölle gegangen. Kurz vor seinem Tod sagte er: „Mein Leben lang hatte ich das Gefühl, dass ein Engel mich begleitet. Warum soll ich jetzt Angst haben?" Und der schwer kranke Jochen tröstet seine Mutter: „Mama, heute Nacht war wieder ein Engel bei mir. Er nimmt mich an die Hand und führt mich hinüber." Jochen starb am 2. Oktober, dem Fest der Engel. Das ist für seine Eltern ein großer Trost, denn an diesem Tag heißt es: „Gott befiehlt seinen Engeln, dich zu beschützen, wohin du auch gehst" (Ps 91).

Der Glaube gibt uns Halt beim Loslassen unserer Lieben. Denn er sagt uns, dass wir uns eines Tages wiedersehen. Dadurch verliert der Tod den großen Schrecken. Das gibt uns die Kraft, den Weg ohne den geliebten Menschen weiterzugehen.

„Ohne meine Glauben, wäre ich schon längst verzweifelt“, sagt Doris. Ihr einziger Sohn ist mit seinem Mercedes in den Neckar gefahren. Doris glaubt, dass es Nico jetzt in der anderen Welt gut geht. Sie weiß, dass jeder Tag sie ihm näherbringt. Denn sie ist sich sicher, dass sie sich nach ihrem Tod wiedersehen.

Gewiss: Auch Tiefgläubige leiden unter dem Verlust des geliebten Menschen. Die Lücke, die er hinterlässt, die kann niemand schließen. Auch kein Gott.

Der Glaube ist kein Betäubungsmittel, das Trauernden den Schmerz nimmt. Auch Menschen, die all ihr Vertrauen auf Gott setzen, wissen manchmal nicht mehr weiter.

Ich weiß keinen Weg, doch du kennst ihn wohl.
Ich weiß keinen Rat, doch du hast ihn schon.
Ich weiß keinen Trost, doch du gibst ihn mir, mein Vater.
Mein Herze vertrauet dir.

Autor unbekannt

Es ist dieses vertrauensvolle *„Doch du“*, das Menschen hilft, ihr Leid durchzustehen und die Last des Lebens zu tragen.

Doch du bist mein Hirte, du weißt den Weg auch mitten in der Wüste.

Doch du, Herr, du tröstest mich in meiner trostlosen Lage.

Doch du. Das ist die große Stärke des Gläubigen. Auch wenn er manchmal zweifelt, er verzweifelt nicht. Denn er weiß sich geborgen in Gottes Hand.

Doch du hältst mich auch dann, wenn ich jeglichen Halt verliere und den Boden unter den Füßen verliere. Du hältst mich auch dann, wenn meine Ängste mich überschwemmen und ich unterzugehen drohe.

Doch du trägst mich, auch über den Abgrund des Todes hinüber – ins Gelobte Land. Dir traue ich (zu), dass du alles gutmachen wirst.

Spuren im Sand

Eines Nachts hatte ich einen Traum: Ich ging am Meer entlang mit meinem Herrn. Vor dem dunklen Nachthimmel erstrahlten, Streiflichtern gleich, Bilder aus meinem Leben. Und jedes Mal sah ich zwei Fußspuren im Sand, meine eigene und die meines Herrn. Als das letzte Bild an meinen Augen vorübergezogen war, blickte ich zurück. Ich erschrak, als ich entdeckte, dass an vielen Stellen meines Lebensweges nur eine Spur zu sehen war. Und das waren gerade die schwersten Zeiten meines Lebens.

Besorgt fragte ich den Herrn: „Herr, als ich anfing, dir nachzufolgen, da hast du mir versprochen, auf allen Wegen bei mir zu sein. Aber jetzt entdecke ich, dass in den schwersten Zeiten meines Lebens nur eine Spur im Sand zu sehen ist. Warum hast du mich allein gelassen, als ich dich am meisten brauchte?“

Da antwortete er: „Mein liebes Kind, ich liebe dich und werde dich nie allein lassen, erst recht nicht in Nöten und Schwierigkeiten. Dort, wo du nur eine Spur gesehen hast, da habe ich dich getragen.“

Mein Engel

Mein Engel
hat keine Flügel,
nur helfende Hände
und ein offenes Herz.

Mein Engel
steht fest zu mir,
und er geht mit mir
auch durch die Wüste.

Mein Engel
kommt von Gott her
und sagt mir ohne Worte:
Ich bin immer bei dir.

Quellen der Kraft

Liebe Leserin, lieber Leser, aus welcher Quelle lebst du? Woraus schöpfst du Kraft? Dass es einen Menschen gibt, der dich liebt, so wie du bist? Ein Mensch, der dein Wesen erkennt und dich dich sein lässt?

Oder beziehst du deine Kraft aus deiner Familie? Ist der Glaube deine große Kraftquelle? Eine meiner Kraftquellen ist das Joggen. Durch das Laufen spüre ich wieder Boden unter den Füßen, Laufend komme ich zu mir. Andere kommen über den Weg der Meditation oder autogenes Training zu sich.

Um zu uns selbst zu kommen, brauchen wir eigentlich nur eine Kerze anzünden. Da sehen wir, dass wir nur kleine Lichter sind. Das Licht einer Kerze leuchtet die dunklen Ecken nicht aus. Im milden Kerzenschein kann ich so sein, wie ich bin – mit meinem Schatten. Dem Licht einer Kerze wohnt eine Kraft inne, die mich mit mir versöhnt. In Kirchen und Kapellen zünden viele Menschen, die keine Kirchgänger sind, Kerzen an. Eine brennende Kerze ist wie ein stilles Gebet, das aus unserem Herzen zum Himmel steigt.

Es gibt Kirchen und Wallfahrtsorte, die ziehen die Menschen besonders an. Sie spüren, dass sie dort Kraft schöpfen können. Aber es gibt auch profane Kraftorte: Das kann die Bank im eigenen Garten sein. Oder eine bestimmte Stelle im Wald oder am Wasser. Dort kommen wir mit unseren eigenen Quellen in Berührung. Aber auch in der eigenen Wohnung brauchen wir einen Ort, wo wir zur Ruhe kommen können. Auch die Musik ist für viele eine Quelle der Kraft. Es ist, als ob wir durch die Musik vom Unberührbaren berührt werden und mit einer transzendenten Wirklichkeit in

Berührung kommen. Die Musik bringt uns auch (wieder) in Einklang mit uns selbst, mit unserer eigenen Lebensmelodie.

Eine Quelle der Kraft kann auch ein gutes Glas Wein sein: Die Beeren, die Fäulnis, die strahlende Sonne, die Regentage, der Tau vieler Nächte, die Arbeit der Winzer – alles wurde in einen edlen Tropfen verwandelt. Aus einer inneren Kraft heraus. So sind auch wir Menschen mit einer inneren Kraft begabt, die uns von innen her verwandelt.

Verwandlung. Das ist auch das Thema vieler Bücher. Da wird beschrieben, wie Menschen ihre Angst, ihre Trauer, ihr Leid verwandeln. Wie andere die Prüfungen ihres Lebens bestehen, macht uns Mut und hilft uns, unser eigenes Schicksal zu meistern. Lesen als Lebenshilfe. Literatur als Quelle, aus der wir Kraft schöpfen. Manches Buch lesen wir zweimal, dreimal.

Manchmal kommt es uns so vor, als seien wir die Einzigen, die dieses oder jenes durchmachen. Da ist es wohltuend, in einem Buch zu erfahren, dass auch andere unsere Not kennen, unseren Schmerz durchleiden. Dadurch fühlen wir uns in unserem Leid nicht mehr so allein und unverstanden. Gut tut auch, wenn jemand ins Wort bringt, was für uns unsagbar ist. In manchem Buch finden wir ausgedrückt, was wir selbst oft so nicht sagen können, wozu uns die Worte fehlen. Durch die Texte anderer kommen wir uns selbst auf die Spur. Beim Lesen geht uns manchmal ein Licht auf. Plötzlich leuchtet uns ein, was bis dahin dunkel war. Die Wahrheit tritt aus dem Verborgenen hervor.

Liebe Leserin, lieber Leser. Vielleicht ist das Buch der Bücher deine Kraftquelle. Ein Bibelvers, ein Psalmenwort helfen dir, das Schwere in deinem Leben zu verkraften. Oder es ist ein Weisheitsspruch, ein Dichterwort?

Draußen im Freien lernen wir, das Buch der Natur zu lesen: das Wachsen und Gedeihen, das Blühen und Verwelken. Und alles geschieht im Stillen, im Verborgenen, ohne dass wir es direkt merken. Die Ruhe im Wald, das viele Grün tut der Seele gut. Wir hören die Vögel zwitschern, sehen die Bäume, unsere Lehrmeister. Im Wald erfahren, erleben wir, dass wir Teil eines Ganzen sind und auch wir zur Mutter Natur gehören. Der regelmäßige Spaziergang durch den Wald belebt unsere Kraft.

Eine starke Kraftquelle ist das Gebet. Wir bitten Gott um die Kraft, das zu tragen, was er uns schickt. Im Zwiegespräch mit Gott können wir über alles mit ihm reden. Wir bringen unsere Sorgen, die uns manchmal zu erdrücken drohen, zur Sprache. Es tut uns gut, unser Herz auszuschütten. Allein schon durch das Aussprechen unserer Not fühlen wir uns erleichtert. Das Gebet hat eine entlastende, therapeutische Funktion. Was ausgesprochen ist, ist aus dem Körper heraus und bleibt nicht auf dem Herzen liegen.

Aber was noch viel wichtiger ist: Das Gebet bringt uns näher zu Gott. Dadurch bekommen wir mehr Abstand zu uns selbst und fangen an, die Dinge aus einer höheren Warte zu sehen. Wir beginnen zu begreifen, was wirklich wichtig, wesentlich ist.

Wir fangen an, uns selbst mit Gottes gütigen Augen zu sehen, unser Leben von Gott her zu betrachten. Wir erfahren, dass wir angenommen sind, mit all unserem Weh und Ach. In seiner unendlichen Liebe fühlen wir uns geborgen.

Das tut gut und gibt Kraft. Die Zwiesprache mit Gott macht uns innerlich stärker. Der gläubige Mensch wird nachweislich besser mit seiner Krankheit fertig. Durch das Gebet werden positive Gedanken mobilisiert und die Selbstheilungskräfte gestärkt.

Auch wenn sich durch das Gebet äußerlich nichts ändert, wir ändern uns. Wir bekommen eine andere Sicht. Wir fangen an, die Dinge, die wir nicht ändern können, anders zu sehen. Und das hilft uns, das Unabänderliche anzunehmen und einzuwilligen. Durch das Gespräch mit Gott wird die Last nicht leichter, unser Kreuz nicht kleiner. Doch unsere Schultern werden breiter.

„Wer glaubt, zittert nicht.“ Auch nicht im Angesicht des Todes. So konnte Dietrich Bonhoeffer noch in der Todeszelle beten: „Barmherziger Gott, ich traue deiner Gnade und gebe mein Leben ganz in deine Hand. Mach du mit mir, wie es dir gefällt und wie es gut für mich ist. Ob ich lebe oder sterbe, ich bin bei dir, und du bist bei mir, mein Gott.“

Wahrheit – Weisheit

Von Friedrich Schiller stammt der Satz: „Wohl dem Menschen, wenn er gelernt hat, zu tragen, was er nicht ändern kann." Wie wahr! Aber es ist oft ein langwieriger Lernprozess, bis wir das Unabänderliche tragen können. Denn wir halten vieles für veränderbar, was wir nicht ändern können. Oft beißen wir uns die Zähne aus an Dingen, die nicht zu ändern sind. Manche Krankheiten können wir bekämpfen, aber auf Dauer nicht besiegen. Der Kampf gegen Krebs ist ab einem gewissen Zeitpunkt nicht mehr zu gewinnen. Natürlich ist es schwer, die Hoffnung auf Heilung zu begraben und sich dem Unvermeidlichen zu ergeben.

Viele geben bis zuletzt die Hoffnung nicht auf und können nicht annehmen, dass der Kampf verloren ist. Und so heißt es dann in der Todesanzeige: Gekämpft, gehofft und doch verloren. Traurig, trostlos.

Der Verstorbene wird als Versager hingestellt. Auch die Ärzte haben verloren, denn sie haben den Todfeind bis zum letzten Atemzug mit allen möglichen Mitteln bekämpft. Wo sind die Ärzte, die uns helfen, die Krankheit anzunehmen, und uns auf den Tod vorbereiten? Natürlich ist es auch schwer, einem Kranken die Wahrheit zu sagen. Und auch die Angehörigen wollen die Wahrheit oft nicht wahrhaben.

Eine Frau erzählt: „Mein Mann hatte Lungenkrebs. Die Chemo und die Bestrahlung waren erfolglos, aber mein Mann hat immer noch geglaubt, dass er wieder gesund wird. Innerhalb weniger Monate hatte er mehr als 20 Kilo abgenommen. Aber das wollte er nicht sehen. Er war blind, hatte die Realität ausgeblendet. Er hat von unserem nächsten Urlaub erzählt und gesagt, was er in der

Wohnung noch alles verändern will. Und ich habe mitgemacht, mitgespielt. Ich konnte, wollte ihm ja die Hoffnung nicht nehmen. Nein, das habe ich nicht übers Herz gebracht. Ich konnte mit ihm doch nicht über den Tod reden, wo er fest davon überzeugt war, dass alles wieder gut wird. Und das Verrückte war: Ich habe selbst auch nicht geglaubt, dass er stirbt. Tief in mir habe ich es zwar gewusst, aber ich habe es nicht wahrhaben wollen. Im Nachhinein denke ich: Wir hätten die letzte Zeit viel besser nutzen und mehr miteinander reden sollen. Aber ich hatte eine solche Angst, das Thema Tod zu berühren und das Sterben anzusprechen."

In der Regel spürt aber der Kranke selbst, dass sein Leben zu Ende geht. Eine Reihe von Untersuchungen hat gezeigt, dass fast alle Patienten mit fortgeschrittener Krankheit und ungünstiger Prognose selbst wissen, wie es um sie steht. Trotzdem möchten viele nicht, dass die Familie die Wahrheit erfährt. Andererseits bitten die Angehörigen den Arzt, *es* ihm/ihr nicht zu sagen. Und so wird am Krankenbett oft über alles geredet, nur nicht darüber.

Schade, denn es gäbe noch so vieles zu sagen. Manches könnte noch geklärt, klargestellt werden. Manchmal möchte der Kranke das tödliche Thema ansprechen, aber er wird abgeblockt und mit gut gemeinten Sprüchen „getröstet".

Viele Angehörige und Freunde ertragen es nicht, dass über den Tod gesprochen wird. Sie möchten den geliebten Menschen nicht verlieren, und deshalb soll der Tod totgeschwiegen werden. Das gehört auch zur Wahrheit.

Wahr ist auch, dass wir manches für unabänderlich halten, was sich durchaus verändern lässt. Aber dazu brauchen wir Mut. Für einen Kettenraucher ist es eine starke Zumutung, mit dem Qualmen aufzuhören. Doch aus dieser Zumutung kann ihm der Mut erwachsen, es ernsthaft zu versuchen.

Alles lassen, wie es ist, hat mit Gelassenheit nichts zu tun. Gelassenheit ist keine fatalistische Schicksalsergebenheit, die uns die Hände resigniert in den Schoß legen lässt. Es geht um engagierte Gelassenheit, die das Menschenmögliche tut, um Leid zu lindern. Aber manches können wir beim besten Willen nicht ändern. Da kann uns das bekannte Gebet eine Hilfe sein:

Herr, gib mir die Gelassenheit,
die Dinge hinzunehmen, die ich nicht ändern kann.
Gib mir den Mut,
die Dinge zu ändern, die ich ändern kann.
Und gib mir die Weisheit,
das eine vom anderen zu unterscheiden.

Autor unbekannt

Es ist die Weisheit, die uns erkennen lässt, was veränderbar ist und was nicht. Weisheit ist wie ein Licht, das uns die Augen öffnet für das Machbare. Aber auch für unsere Grenzen.

Liebe Leserin, lieber Leser, Weisheit ist wie ein reifer, erfahrener Mensch, der dich auf deinem Weg begleitet und dir gütig zulächelt, gerade dann, wenn du mit sorgenvoller Miene deine Last trägst. Dein weiser Wegbegleiter ruft dir zu, was da in einem alten Kirchenlied geschrieben steht:

Was helfen uns die schweren Sorgen,
was hilft uns unser Weh und Ach?
Was hilft es, dass wir alle Morgen
beseufzen unser Ungemach?
Wir machen unser Kreuz und Leid
nur größer durch die Traurigkeit.

Georg Neumark

Wie wahr! Durch Klagen und Jammern wird unser „Stein“ nur noch schwerer. Zur Erleichterung sagt Martin Luther: „Dass die Vögel der Sorge und des Kummers über deinem Haupt fliegen, kannst du nicht ändern. Aber dass sie Nester in deinem Haar bauen, das kannst du verhindern.“ Ein Wort voller Wahrheit und Weisheit! Und noch eines: „Während du klagst, kannst du viel Gutes tun.“

Wozu?

Manche sagen: Statt nach dem Warum sollten wir lieber nach dem Wozu fragen. Aber ist es nicht normal, dass der leidende Mensch fragt, warum es ihn gerade getroffen hat? Warum diese unheilbare Krankheit? Warum hat der Tumor trotz Chemotherapie und Bestrahlung weiter gestreut? Es ist verständlich, dass wir nach dem Warum fragen. Aber es bringt nichts, auf Dauer bei der Warum-Frage stehen zu bleiben. Die Wozu-Frage führt weiter, weil sie nach vorne schaut: Wofür, für was soll das Leid gut sein?

Kann ein Mensch überhaupt den Sinn seines Leidens erkennen? Ist nicht jedes Leid letztlich ein Geheimnis, dessen tieferer Sinn immer ein Stück weit verborgen bleibt?

Wie oft erkennen wir im Leid keinen Sinn, erscheint es uns völlig sinnlos! Wozu denn soll es gut sein, dass die Mutter einer jungen Familie stirbt? Der Tod einer jungen Mutter ist immer sinnlos und wir sollten auch nicht versuchen, ihm einen Sinn zu geben. Und wozu soll es gut sein, dass ein Kind überfahren wird? Damit wir begreifen, dass das Auto eine „Mordwaffe" ist? Freilich können wir auch dem schrecklichsten Geschehen noch etwas Positives abgewinnen. Jeder Amoklauf, jeder Kindesmord macht deutlich, wozu wir Menschen fähig sind.

Wozu? Was ist der Sinn? Die Frage setzt voraus, dass alles einen Sinn hat. Gibt es aber nicht unsinniges Leid? Wie viele sterben einen sinnlosen Tod. Und überhaupt: Was ist der Sinn, dass wir uns jeden Morgen an- und abends wieder ausziehen? Schließlich treten wir am Ende nackt von der Bühne ab. Ist das Leben nicht sinnlos? „Windhauch, Windhauch, das alles ist Windhauch." Mit diesem

Ausruf beginnt Kohelet sein Werk. Für ihn unterscheiden sich Mensch und Tier nicht in ihrem Lebensgeschick. „Nichts hat der Mensch dem Tier voraus, denn beide sind Windhauch" (Koh 3,19f.). Nur der Mensch weiß, dass er sterben muss. Ob das allerdings ein Vorteil ist?

Und wie viele sterben, ohne vorher eigentlich gelebt zu haben? Und wie oft ist das Leben ein langes, lebenslanges Sterben? So war es auch beim 14-jährigen André. Von Geburt an war er schwer körperbehindert und seit acht Jahren gelähmt. Sein Sterben war eine Qual. Langsam ist er erstickt. Sein Tod hat ihn erlöst von seinem langen Leiden. André wollte aber nicht erlöst werden. Leben wollte er!

Jedes Sterben hat irgendwie einen Sinn, weil die Natur den Tod braucht. Die Gestorbenen machen den Neugeborenen Platz. Aber sagen wir das einmal den Eltern von André. Seine 93-jährige Oma hätte gerne ihren Platz geräumt, aber sie sitzt weiterhin im Rollstuhl.

Wir können Trauernden und Kranken den Sinn ihres Leidens nicht erklären.

Trotzdem wird es immer wieder versucht. Da sagt eine Frau zu ihrer MS-kranken Freundin. „Mit deiner MS wollte Gott dir etwas sagen, was du sonst nicht verstanden hättest." Woher will die Frau denn das wissen? Woher weiß sie Bescheid über das, was Gott ihrer Freundin mit dieser Krankheit sagen will?

Es ist nicht an uns, anderen ihre Krankheit zu deuten. Damit rufen wir bei den Betroffenen meist nur Abwehr hervor. Nur der Kranke selbst kann erkennen, was seine Krankheit ihm zu sagen hat. Nur der Betroffene selbst kann seinem Leiden einen Sinn geben.

Wozu etwas gut war, kommt uns oft erst später in den Sinn. Rückblickend erkennen wir, dass die Krankheit heilsam war. Der Einbruch hat einen Umbruch eingeleitet. Der Rückfall war eigentlich ein Fortschritt.

Hat alles doch einen verborgenen Sinn? Viktor Frankl, der Begründer der Logotherapie, hat vier KZs überlebt. Er sagt, dass das Leben auch unter widrigsten Umständen einen Sinn hat und dieser Sinn in keiner Situation verloren geht. Dieser Sinn wird nicht erfunden, sondern er muss gefunden, herausgefunden werden. Die Sinnfindung verändert die Situation. Und wenn wir nichts mehr ändern können, können wir immer noch uns selbst ändern, unsere Einstellung zum Leid. Wir können zu einer anderen Sicht kommen. Hilfreich ist auch, unseren „Stein“ aus einer höheren Warte zu betrachten. Dann wird er kleiner und dann sehen wir auch die vielen anderen Steine, die unsere eigene Last relativieren. Die Perspektive wechseln, einen anderen Standpunkt einnehmen. Sich selbst anders sehen.

Manchmal geht uns plötzlich ein Licht auf. Auf einmal erkennen wir, was uns bislang verborgen war. Ein Gedankenblitz, mitten in dunkler Nacht. Plötzlich gehen uns die Augen auf. Sehen – der erste Sinn. Sehen, was hinter den Dingen ist, und in ihnen den verborgenen Sinn wahrnehmen. Unsere Sinne helfen uns, den Sinn zu erkennen. Sehen, hören, schmecken, riechen, tasten. Wir tasten uns an das Geheimnis des Lebens heran mit einer Art sechstem Sinn – dem Glauben. Mit dem Denken allein können wir den Sinn unseres Daseins nicht fassen. Unser Verstand kann nicht be-greifen, wozu wir auf der Welt sind. Der Glaube sagt uns, dass Gott uns ins Leben gerufen hat, weil er mit uns etwas im Sinn hat.

Darum werden Gläubige nicht an der Sinnlosigkeit des Lebens verzweifeln. Vertrauensvoll legen sie auch das unsinnige Leid in Gottes Hände und trauen ihm zu, dass er die Sinnlosigkeit aufhebt. Trotzdem behält der Spiegel seine dunkle Seite: Auch der Gläubige blickt nicht durch und kann vieles nicht begreifen. „Glauben“, so sagt Karl Rahner, „ist nichts anderes, als die Unbegreiflichkeit Gottes ein Leben lang auszuhalten.“ Aber der Glaube kann uns helfen, einverstanden zu sein mit dem, was wir nicht verstehen.

Liebe Leserin, lieber Leser. Auch in deinem Leben gibt es sicher das eine oder andere, worüber du nicht hinwegkommst. Statt weiter darüber zu sinnieren, rate ich dir: Lass es, lass es gut sein. Lass gut sein, was (noch) nicht gut ist. Lass dir selbst Zeit zu wachsen, immer weiterzuwachsen. Vielleicht kommst du eines Tages so weit wie die Steinpalme und sagst: So wie es ist, ist es gut.

Warum nicht ich?

Warum nicht ich? Das habe ich mich oft auch gefragt auf dem Weg ins Gefängnis. Warum sitze ich nicht hinter der Mauer? Weil ich besser bin? Von wegen! Ich habe mehr Glück gehabt als die Vielen, die das Pech hatten, in zerrüttetten Verhältnissen hineingeboren zu werden. Ich hatte das große Glück, in einer „normalen" Familie aufwachsen zu dürfen. Es ist nicht mein Verdienst, dass ich ein sogenannter anständiger Bürger geworden bin. Hätte mein Vater mich nur geschlagen, wäre meine Mutter auf den Strich gegangen, wäre ich heute womöglich Zuhälter. Theologie hätte ich sicher nicht studiert.

Jedes Mal, wenn ich am Sarg von einem Menschen stehe, der so alt oder jünger ist als ich, frage ich mich: Warum er? Warum sie? Warum nicht ich? Warum Horst, der genauso alt war wie ich? Ich sitze öfters auf seinem Stuhl. Ein komisches Gefühl. Gevatter Tod sitzt mir im Nacken. Die Einschüsse kommen immer näher. Um mich herum sterben Menschen an Krebs, Herzversagen, Hirnblutung, Leukämie, Lungenembolie oder sie kommen bei einem Unfall ums Leben.

Auch ich wäre schon ein paar Mal mit dem Auto fast tödlich verunglückt. Kurze Zeit, nachdem ich den Führerschein hatte, flog ich mit meinem Käfer aus der Kurve, überschlug mich mehrmals und landete im freien Feld. Der Fahrer hinter mir traute seinen Augen nicht, als er mich unverletzt aus dem Auto steigen sah. Ein anderes Mal verursachte ich einen folgenschweren Unfall auf der Autobahn. Ein Haufen Blechschaden. Ich hatte keine Schramme. Ich muss ein ganzes Heer von Schutzengeln gehabt haben, dass mir nichts passiert ist. Andere haben offenbar keinen Engel, der seine schützende Hand über sie hält. Sie bleiben auf der Strecke. Warum nicht ich?

Zwei meiner Brüder sind schon gestorben. Der kleine Jan war erst neun Monate und mein großer Bruder stürzte als Pilot mit dem Flugzeug ab. Er war 23 Jahre, hinterließ eine schwangere Frau. Warum war ihm die Gunst des Schicksals nicht vergönnt?

Mit anderthalb Jahren wäre ich fast an einer Lungenentzündung gestorben. Der Arzt hatte mich schon aufgegeben und mein Vater wurde von der Arbeit geholt. Aber irgendwie habe ich dann doch überlebt. Weiß Gott, wie. Wieso ich? Warum nicht ich?

Ich betrachte ein früheres Klassenfoto. Sieben von uns sind schon gegangen. Tony, Spezialist für Darmkrebs starb mit 47 an Darmkrebs. Marcel, 37, erlag einem Herzleiden. Stefan war erst 22, als Leukämie zu seinem Tod führte. Luc bekam die schlimmste aller Krankheiten und starb mit 61 an ALS. Georges, 54, war unheilbar krebskrank. Und bei meinem besten Freund Jacques war es ein Hirntumor, der ihn mit 44 Jahren das Leben kostete. Warum nicht ich?

Kurz vor Drucklegung dieses Buches erfuhr ich, dass unser Klassenkamerad Roger in der Klinik gestorben ist, in der er jahrzehntelang als Krankenpfleger tätig war. Über seiner Todesanzeige steht: „Niemand weiß, was du gelitten hast. Niemand weiß, was du durchgemacht hast."

Mein Nachbar Eckhart starb mit 64, nach mehreren Schlaganfällen. Der schlimmste Schlag: Seine Frau Annerose war mit 55 Jahren schon völlig dement. Gerhard, der über uns wohnte, legte sich nachmittags hin und stand nicht mehr auf. Seine Frau Ingrid liegt schon seit mehr als zwei Jahren im Wachkoma.

Warum wurde das Familienglück meiner Nachbarn zerschlagen? Warum nicht uns?

Warum ich nicht? Ich habe auch schon viel Fleisch gegessen. Die furchtbare Creutzfeld-Jakob-Krankheit hätte auch mein Hirn durchlöchern können. Warum hat es einige meiner Bekannten getroffen?

Warum meine Nachbarn? Warum meine Klassenkameraden? Warum meine Brüder? Warum nicht ich?

Ich weiß, dass es auf diese Frage keine Antwort gibt. Aber mir ist bewusst: Ich hätte der andere sein können. Ich könnte an seiner Stelle stehen, in seinem Rollstuhl sitzen, in seinem Krankenbett liegen. Ich denke an Theo. Er erfuhr nach seinem zweiten Herzinfarkt in der Reha, dass sein Bruder einem Herzinfarkt erlegen war. „Bei der Trauerfeier war mir klar", sagt Theo, „ich könnte in seinem Sarg liegen."

Überleben kann eine schwere Last sein. Das weiß auch der junge Mann, der als Einziger von vier Autoinsassen den Unfall überlebte. Und Dieter fragt: „Warum musste mein Freund sterben, als ich gegen den Baum fuhr?"

Warum nicht ich?, fragt Gertrud, als ihr Enkel mit 27 Jahren seinem Krebs erlag. Ich wäre gerne an seiner Stelle gestorben. Warum nicht ich?

Beim ICE-Unglück von Eschede starben 101 Reisende. Ein Mann lag unversehrt inmitten von Verletzten und Verstümmelten. Er schrie ununterbrochen: Warum hatte ich so ein Glück? Warum hatte ich so ein Glück?

Ob wir nun mit dem Zug, dem Auto oder auch nur mit dem Fahrrad unterwegs sind, das Leben ist immer lebensgefährlich. Mein Freund Peter, 64, fiel tot von seinem Fahrrad, auf dem Heimweg von der Schule. Auch an seinem Sarg habe ich mich gefragt: Warum du? Warum nicht ich?

Inzwischen fahre ich mit Peters Rad. Es erinnert mich ständig daran, dass Freund Hein immer mitfährt. Auch ich bin nur einen einzigen Herzschlag weit von meinem Freund entfernt. Auf meinen Fahradtouren um den Bodensee, durch das liebliche Taubertal oder entlang dem Main, überall fährt Peter mit – und auch die Frage: Warum nicht ich?

Eine gute Frage

Warum?
Warum nicht?

Warum ich?
Warum nicht ich?

Warum jetzt?
Warum nicht jetzt?

Warum nicht
ich jetzt?

Du tröstest mich

Du bist am Boden –
ich stehe dir bei.
Du richtest mich auf.

Du weinst bitterlich –
ich trockne deine Tränen.
Du tröstest mich.

Du leidest Schmerzen –
ich halte dir die Hand.
Du hältst mich.

Du gehst den Weg zu Ende –
ich begleite dich.
Du führst mich weiter.

Über sich hinauswachsen

Bei Beates Trauerfeier, 1997, habe ich die Geschichte von der Steinpalme erzählt. Es war ihre Geschichte.

Als Beate schwanger war, erfuhr sie vom Frauenarzt, dass sie HIV-infiziert ist.

Ein schwerer Schock. Denn damals, 1987, war die HIV-Diagnose noch ein Todesurteil. Seitdem sah Beate schwarz: „Ich werde bald sterben. Und was wird aus meinem Kind? Wird es auch sterben müssen? Nach meinem Tod kommt mein Kind sicher in ein Heim. Denn sein Vater ist viel zu labil, um für es zu sorgen."

Jerry wurde geboren und brauchte alle Liebe seiner Mutter. Beate war zwar sehr, sehr stark, aber sie litt weiterhin unter schweren Angstzuständen und war deshalb auch in psychiatrischer Behandlung. An manchen Tagen ging es ihr furchtbar schlecht. So auch an jenem Tag, als Beates Mann Bernhard den inzwischen 6-jährigen Jerry mit zum Fußball nehmen sollte; es aber nicht tat. Da zeigte sich wieder einmal, wie unzuverlässig Bernhard war. Beate drehte durch und verlor jeglichen Boden unter den Füßen. In ihrer Panik dachte sie, dass sie stirbt, und sah ihren Jerry schon im Heim. Sie wollte aber ihren Jerry nicht allein zurücklassen, eher gemeinsam mit ihm in den Tod gehen. Jerry starb, aber Beate überlebte den erweiterten Suizid ... In ihrer Verzweiflung sprang sie anschließend vom Balkon und brach sich beide Fersen. Auch am darauf folgenden Tag war Beate noch nicht gut ansprechbar und nur ein Häufchen Elend. Sie konnte immer noch nicht begreifen, was passiert war. Danach kam Beate mit ihren eingegipsten Füßen im Rollstuhl in das Gefängniskrankenhaus auf den Hohenasperg.

Als „Kindesmörderin“ hatte sie einen besonders schweren Stand bei den „lieben“ Mitgefangenen – und dann noch eine, die die „Seuche“ hat! Sie wurde gehänselt, gedemüdigt, geschnitten. Ganz bitter bekam Beate zu spüren, dass auch im Knast AIDS Ausgrenzung, Isolierung, Diskriminierung, Stigmatisierung bedeutet.

Als ob der Riesenstein auf Beates Herz noch nicht schwer genug war, bekam sie auch noch Nierenkrebs und einen Tumor in der Lunge. Chemotherapie und Bestrahlung. Auch im Krankenhaus musste Beate einige bittere Pillen schlucken und manche peinliche Bemerkung ertragen.

Nach ihrer Entlassung konnte sie zu ihrem Freund Blacky ziehen. Er war ihre Wasserader und ließ Beate noch einmal richtig aufblühen. Zusammen durften sie noch zwei sehr glückliche Jahre erleben, für die sie sehr dankbar war.

Einige Wochen vor ihrem Tod sagte Beate: „Ich habe keine Angst mehr vor dem Sterben. Ich freue mich, dass ich Jerry wiedersehe.“

Obwohl Beate so viele Schmerzen an Seele und Leib auszuhalten hatte, ist sie doch bis zuletzt aufrechtgeblieben. Viele, viele andere gehen an weit weniger zugrunde. Sie zerbrechen an *einer* Krankheit.

Beate hätte es allerdings wohl auch nicht geschafft, wenn sie nicht diese Mutter gehabt hätte. Nichts war ihr zu viel, kein Weg zu weit, auch nicht die so schmerzhaften Fahrten ins Gefängnis. Bei den wöchentlichen Besuchen hat sie Beate nie einen Vorwurf gemacht. Vorbehaltslos hat sie zu ihr gestanden. Bedingungslose Liebe, ohne Wenn und Aber.

Die Liebe vermag vieles. Immer wieder wundere ich mich, was einer dem anderen zuliebe alles aushält. Ich staune, wie stark die Liebe Menschen macht, die noch so schwach sein mögen. Als ich eine Frau fragte, wie sie es nur geschafft hat, fünf Wochen lang Tag und Nacht ihrem krebskranken Mann beizustehen, antwortete sie mit einem Lächeln: „Wenn der Mensch, den du liebst, dich braucht, kannst du das.“

Ob es wirklich so einfach ist? Und was heißt lieben? Liebe ist ein großes Wort. Aber es gibt in uns eine innere Kraft, die uns einfach füreinander da sein lässt. Im Nachhinein verstehen wir oft selbst nicht, wie wir manches verkraftet haben.

Vielleicht ist es so, wie Dietrich Bonhoeffer sagt: „Gott gibt uns in jeder Situation so viel Kraft, wie wir brauchen."

Ja, manche Notlage ist ohne Hilfe „von oben" kaum zu überstehen. Und ohne fremde Hilfe wäre vieles nicht zu ertragen. Gott sei Dank gibt es Menschen, die den „Stein" mittragen. Dadurch wird auch das Unerträgliche erträglich. Indem wir die Hilflosigkeit – etwa am Krankenbett – miteinander teilen, helfen wir einander, die Ohnmacht auszuhalten. Ja, es ist schwer, dazusitzen, ohne dem geliebten Menschen helfen zu können. Dieters Mutter musste zusehen, wie ihr Junge langsam wegstirbt. „Und dann noch die Beerdigung. Hinter dem Sarg herzugehen und dem eigenen Kind ins Grab zu schauen. Heute könnte ich das nicht mehr, aber damals hatte ich die Kraft."

Und Emma sagt: „Wenn man mir früher einmal gesagt hätte: Du wirst deinen aidskranken Sohn pflegen müssen und 9 Jahre lang deinen gelähmten Mann, dann hätte ich gesagt: Das schaffe ich nicht. Das kann ich nicht. Und doch habe ich es geschafft."

Gerade in leidvollen Situationen wachsen Menschen Kräfte zu, die sie über sich hinauswachsen lassen. Angehörige und Freunde leisten oft Übermenschliches, werden zum Engel für ihre Lieben.

Auch Gerda sind Flügel zugewachsen. Nach dem Schlaganfall ihres Mannes lernte sie in der Reha eine Frau kennen, die schon drei Jahre ihren „sprachlosen Mann" im Rollstuhl versorgt. „Drei Jahre", dachte ich. „Wie schafft diese Frau das? Ich bin nach vier Wochen schon am Ende meiner Kraft. Und ich habe noch die Hoffnung, dass bei meinem Mann die Sprache wiederkommt."

Inzwischen sind es schon 12 Jahre, dass Gerda ihren Mann zu Hause pflegt, der immer noch nicht sprechen kann. Er würde sie auch gerne fragen: Gerda, wie schaffst du das?

Überlebenskünstler

Alessandro Zanardi prallte bei der Champ-Car-Serie am Lausitzring mit einem anderen Fahrzeug zusammen. Sein Rennwagen löste sich in Abertausend Teile auf. Zanardi verlor bei dem Unfall beide Unterschenkel. Als er wieder zu Bewusstsein kam, hatte er nicht viele Fragen. „Sie sagten mir, dass ich noch lebe – und das genügte mir. ‚Sterbe ich wirklich nicht?' ‚Nein, du stirbst nicht.' ‚Na, dann ist es ja gut.'" Im ersten Interview nach dem Horrorcrash vom 15. September 2001 kündigte Zanardi sein nächstes Ziel an: Er wollte unbedingt wieder seinen fünfjährigen Sohn auf den Schultern tragen. Als er das konnte, war sein nächstes Ziel, wieder Autorennen zu fahren. So stieg der ehemalige Formel-1-Pilot mit den zwei Prothesen wieder ins Rennauto, mit einer Sonderanfertigung für Gehbehinderte und gab Gas …

Leben. Nichts anderes zählt. Was für ein kostbares Geschenk das Leben ist, begreifen wir oft erst, wenn wir es zu verlieren drohen. Der Verlust eines oder mehrerer Gliedmaßen hindert Menschen nicht, sportliche Höchstleistungen zu bringen. Das zeigen uns die Teilnehmer der Parolympics. Nicht zu glauben, was Athleten mit schweren Behinderungen alles – noch – können. Sie bringen vieles zustande, wozu sie ohne ihre Behinderung kaum fähig wären. Sie stellen sich den Herausforderungen und wachsen über sich hinaus.

Auch „normale" Behinderte meistern ihr Schicksal oft auf bewundernswerte Weise. Trotz Rollstuhl nehmen sie voll am Leben teil und sind oft mobiler als „Fußgänger".

Gerade Gehbehinderte gehen oft mit gutem Beispiel voran. Bei einer Bergtour in Südtirol trauten wir unseren Augen nicht, als wir immer nur einen Fußabdruck im Schnee vor uns sahen. Später kam uns ein einbeiniger Mann auf zwei Krücken vom Gipfel entgegen. Was wir mit zwei Beinen und mit viel Mühe und Not fertigbrachten, schaffte der Mann mit einem Bein. „Mit links“ stieg er den hohen Berg hinauf und hinab.

Auf dem Hohenasperg bin ich einigen Gefangenen begegnet, die sozusagen Mauern überspringen. Sie fühlen sich frei hinter Gittern. Obwohl ihnen durch die Haft nahezu alles genommen wird, nehmen sie sich die Freiheit, ihren Gedanken freien Lauf zu lassen. Sie schreiben Gedichte und Geschichten. Manche malen. Carlo, 18 Jahre Knast, hat seine schönsten Bilder hinter Gittern gemalt. Sie werden ihn überleben. Oder da ist Roland, der unzählige Gitter durchgesägt hat und seit vielen Jahren in Einzelhaft sitzt. Er weiß auch ohne gefährliches Werkzeug wunderschöne Weihnachtssterne und Osterglocken zu basteln.

Überlebenskünstler schauen nicht auf das, was sie nicht mehr können, vielmehr nutzen sie voll die wenigen Möglichkeiten, die ihnen noch bleiben.

„Ich kann immer noch vieles, was andere nicht mehr können.“ Diese Einstellung hilft zahlreichen Behinderten und Kranken zu überleben. Hilfreich ist auch, zurückzuschauen und zu sehen, wie viel Schönes man erlebt hat. Manche träumen sich in ihre Kindheit zurück, leben von Erinnerungen oder auch nur von diesem einen Glücksmoment, als sie im siebten Himmel waren.

Ein Überlebenskünstler war auch Erich. Solange er noch ein klein wenig Licht und Schatten sah, tastete er sich am Bürgersteig entlang in die Stadt und fand auch den Weg zum Grab seiner Frau, „nur etwa zwei Kilometer“. Als er dann erblindet war, konnte er zwar keine Noten mehr lesen, aber immer noch Cello und Geige spielen. Stücke, die er auswendig kannte und so verinnerlicht hatte, dass er sie wirklich blind spielen konnte. In jeder verzweifelten Lage hat Erich einen Ausweg gefunden, einen inneren Fluchtweg. Auch in der Dunkelheit ging dem polyglotten Doktor der Chemie immer wieder ein Licht auf: Aha-Erlebnisse bei seinen sprachlichen Entdeckungsreisen oder beim Hören von Wissenschaftssendungen. Es war Erichs Hunger nach Wissen, seine Wissbegierde, die den 85-jährigen Lebenskünstler so lange das Dunkel hat überleben lassen.

Der HIV-infizierte Peter hatte eine ganz eigene Überlebensstrategie. „Ich stelle mich morgens vor den Spiegel, lächele mich an und sage zu dem blöden Virus: Hey, du! Sei lieb mit mir! Wir zwei, wir müssen miteinander auskommen. Ich lasse mich von dir nicht verarschen. Du nicht! Du hast keine Chance gegen mich. Denk daran, wenn du mich besiegst, hast du nichts davon, denn dann liegst du mit mir auf dem Friedhof. Du, Brüderchen, dich kicke ich eines Tages noch ganz aus meinem Körper hinaus. Pass nur auf, du!" Mit dem Virus hätte Peter tatsächlich noch lange leben können. Aber seine Sucht war stärker. Peter starb an einer Überdosis.

Überlebenskünstler haben oft nicht nur einen unbändigen Willen zu leben, sondern auch eine große Portion Humor. Ich denke an Schwester Bonifatia.

Sie hatte Bauchspeicheldrüsenkrebs und eine schlechte Prognose. Der Arzt sagte ihr im Sommer: „Schwester, wenn Sie viel Glück haben, können Sie das Weihnachtsfest noch erleben." Im Winter des nächsten Jahres fragte Bonifatia den Arzt: „Welches Weihnachtsfest haben Sie eigentlich gemeint?" Auch ein zweites Weihnachten hat Bonifatia noch überlebt. Der Tumor war wütend, wütete immer weiter. „An Ostern sterben ist schön", sagte Bonifatia. Und als dann der Tumor vor Wut explodierte, meinte die Benediktinerin: „Palmsonntag geht auch."

Humor ist, wenn man trotzdem lacht. Auch wenn der Galgen über dem Bett hängt, noch ein Späßle machen. Obwohl es zum Heulen ist, dem Leben noch ein Lächeln abtrotzen. Mit einem Lächeln seinem Schicksal trotzen und aus allem das Beste machen, das lehren uns die Überlebenskünstler.

Angenommen

Arthur Miller schreibt in einem seiner Theaterstücke:

„Ich träumte, dass mein Leben ein Kind von mir war. Aber es war verunstaltet, mongoloid, und ich lief weg. Immer wieder kroch es mir auf den Schoß, bis ich dachte: Wenn ich es küssen kann, kann ich vielleicht schlafen. Und ich bog meinen Kopf über ein verzerrtes Gesicht, es war schrecklich ... aber ich küsste es."

„Angenommen", sagt eine Frau zu ihrem krebskranken Mann: „Angenommen, jemand riefe jetzt an und erzählte uns von einem Medikament, mit dem du noch zehn Jahre weiterleben könntest, würdest du es nehmen?"

Seine Antwort darauf: „Nein, das interessiert mich nicht mehr. Jetzt freue ich mich einfach, dass ich es bald geschafft habe. Ich bin richtig erleichtert, dass ich mein Schicksal angenommen habe nach dem langen Kampf, nach den Stadien des Leugnens, des Rebellierens und der Depression. Jetzt kann ich es gut sein lassen und freue mich auf das, was kommt."

Jürgen litt fast dreißig Jahre an MS, er saß mehr als zwanzig Jahre im Rollstuhl.

Am Ende seines langen Leidensweges hat er gesagt: „Es reicht! Ich will, ich mag nicht mehr. Ich habe das schönste Leben gehabt. Ich habe alles gehabt. Jetzt aber will ich sterben. Lasst mich gehen!"

Jürgens Familie meinte aber, ihn so nicht gehen lassen zu können. Schon mehrmals war es Jürgen schlecht gegangen, doch jedes Mal hatte er sich wieder aufgerappelt. Warum sollte es auch diesmal nicht klappen? Seine Lieben versuchten, Jürgen gut zuzureden und ihm wieder Mut zu machen. Doch Jürgen sagte klipp und klar: „Ich will nicht mehr. Wenn ihr mich wirklich lieb habt, dann müsst ihr mich auch gehen lassen." Es hat noch einige Tage gedauert, bis Jürgens Familie seinen Entschluss annehmen konnte und er seinen Weg daheim zu Ende gehen durfte.

Simone ist immer noch beeindruckt vom schönen Tod ihrer Mutter. „Sie hat richtig gestrahlt. Meine Mutter wollte keine Chemo mehr und auch keine lebensverlängerenden Maßnahmen. Und da habe ich sie zu mir geholt und sie gepflegt und umsorgt. In diesen letzten zwei Wochen hat sich manches noch geklärt, wenn auch unter Tränen. Meine Mutter und ich hatten lange Jahre kein gutes Verhältnis. Aber in den letzten Tagen ist zwischen uns noch so vieles geschehen, was ein Leben lang nicht möglich schien. Von beiden Seiten war alles anders als sonst. Das Gegensätzliche schien sich aufgelöst zu haben. Auf der letzten Strecke sind wir beide uns noch einmal ganz nahegekommen, viel näher als in all den Jahren zuvor. Ich bin so froh, dass ich meine Mutter begleiten konnte und wir die wenige Zeit, die uns noch blieb, voll und ganz genutzt haben. Und als meine Mutter dann starb, war ich ganz glücklich. Ich habe geweint – vor Freude."

Manche Menschen haben das große Glück, so zu sterben, wie sie es wollten. Einschlafen und nicht mehr aufwachen. Plötzlich tot umfallen, ohne leiden zu müssen. Zu wissen, dass der letzte Wunsch in Erfüllung gegangen ist, hilft den Angehörigen, den plötzlichen Tod anzunehmen, auch wenn sie gerne vorher noch Abschied genommen hätten.

Nach einem Unfall oder Zusammenbruch fällt es uns schwer, anzunehmen, dass der geliebte Mensch nicht mehr „gerettet" werden konnte. Doch dadurch ist ihm womöglich auch viel Leid erspart geblieben.

Der Tod ist oft eine Erlösung, die letzte Lösung von einem unlösbaren Problem.

Er erlöst nicht nur den Sterbenden von seinem Leiden, sondern auch die Angehörigen von ihrer Ohnmacht und Hilflosigkeit. Wenn wir den Todfeind so sehen können, haben wir ihn angenommen.

Uwe lag im Sarg mit einem leichten Schmunzeln im Gesicht. Das hat zu ihm gehört. Dieses Schmunzeln. Ganz friedlich lag er da, so friedlich hat man ihn zu Lebzeiten oft nicht gesehen. Denn Uwe konnte andere oft wüst beschimpfen und furchtbar aus der Haut fahren. Das konnte er jetzt nicht mehr. Jetzt hatte er nur noch sein Lächeln. Und das sah so aus, als ob er über uns gelächelt hat.

Maria sitzt seit ihrem fünften Lebensjahr im Rollstuhl. Sie sagt: „Mir geht es gut.“ Das strahlt sie auch aus. Sie lächelt von innen, lebt in tiefem Frieden mit sich. „Meine Behinderung gehört zu mir wie meine Haarfarbe. Ohne meine Behinderung würde mir etwas fehlen. Auch im Himmel möchte ich so sein wie jetzt und im Rollstuhl sitzen.“

Liebe Leserin, lieber Leser! Angenommen, du wüsstest, dass du bald sterben musst. Würdest du dann manches anders machen? Oder würdest du einfach so weiterleben wie bisher? Dann wärst du auf dem besten Wege zu einem guten Ende. Du brauchst keine Angst vor dem Tod zu haben. Schau doch einmal, wie gelöst und erleichtert die Toten im Sarg liegen. Übrigens: Bisher haben es alle geschafft. Das hat mir meine Angst vor dem Tod genommen.

Singen auf dem Sterbebett

Wenn unser Leben zu Ende geht, schauen wir zurück. Wir ziehen Bilanz. Fällt die Bilanz negativ aus, sterben wir schwer. Wie sollen wir den Tod annehmen, wenn wir unser Leben nicht bejahen können?

Es ist schön, wenn wir am Ende unserer Tage sagen können: Ich bereue nichts.

Natürlich tut uns manches im Nachhinein immer noch leid, einiges ist sicher auch schiefgelaufen. Wir sind Menschen. Und jeder Mensch macht Fehler, begeht Fehltritte. Aber die gehören zu unserem Lebensweg.

Um gut sterben zu können, müssen wir auch das nicht gelebte Leben annehmen, den Weg, den wir nicht gegangen sind. Was wäre gewesen, wenn ...? Wenn wir uns in einigen Situationen anders entschieden hätten, wäre unser Leben sicher anders verlaufen. Ob das besser gewesen wäre? Nein, so wie es war, war es gut. *Non rien de rien, non je ne regrette rien.* Eine gute Bilanz, ein starkes Abschiedslied. Schon vor der Trauerfeier.

Waltraut sang ein paar Tage vor ihrem Tod das Lied, das sie mit dem Frauenchor auf vielen Beerdigungen gesungen hatte: „So nimm denn meine Hände und führe mich bis an mein selig Ende ... Wenn ich auch gleich nichts spüre von deiner Macht, du führst mich doch zum Ziele, auch durch die Nacht.“ Auch durch die dunkle Nacht des Glaubens – durch alle Zweifel hindurch.

Wolfgang kannte auch im Angesicht des Todes keinerlei Zweifel. „Ich weiß, dass mein Erlöser lebt“, sagte er mit größter Gewissheit kurz vor seinem „Übergang“. Er wollte, dass ich mit ihm noch das

Großer Gott, wir loben dich singe. Trotz seines heftigen Schluckaufs sang Wolfgang mit voller Inbrunst. Er kannte die einzelnen Strophen viel besser als ich. „Und, Petrus, auch noch die letzte Strophe: *‚Herr, erbarm, erbarme dich. Lass uns deine Güte schauen; deine Treue zeige sich, wie wir fest auf dich vertrauen. Auf dich hoffen wir allein: lass uns nicht verloren sein.*'" Wolfgang wusste sich auf dem Sterbelager von einem tiefen Gottvertrauen getragen und ist ganz gelöst, gelassen hinübergegangen. Er hat sein Leben und Sterben ganz Gott überlassen. Um diese Gelassenheit habe ich Wolfgang beneidet.

Im Angesicht des Todes richten Sterbende ihren Blick auf Jesus am Kreuz und richten sich an ihm auf. Sie wissen sich in ihrem Leiden beim Schmerzensmann aufgehoben, geborgen. Manche singen auch noch die beiden letzten Strophen des Liedes *O Haupt voll Blut und Wunden:*

Wenn ich einmal soll scheiden, so scheide nicht von mir.
Wenn ich den Tod soll leiden, so tritt du dann herfür.
Wenn mir am allerbängsten wird um das Herze sein,
so reiß mich aus den Ängsten kraft deiner Angst und Pein.

Erscheine mir zum Schilde, zum Trost in meinem Tod,
und lass mich sehn dein Bilde in deiner Kreuzesnot.
Da will ich nach dir blicken, da will ich glaubensvoll
dich fest an mein Herz drücken. Wer so stirbt, der stirbt wohl.

Paul Gerhardt

Wer glaubt, dass Jesus mit ihm leidet und stirbt, der hofft, dass er auch mit ihm aufersteht. Und so singen manche auf ihrem Sterbebett ein Osterlied:

Christ ist erstanden von der Marter alle.
Des solln wir alle froh sein, Christ soll unser Trost sein.

Auch das bekannte Taizélied ist ein schönes „Übergangslied“:

Meine Hoffnung und meine Freude, meine Stärke, mein Licht.
Jesus, meine Zuversicht. Auf dich vertraue ich und fürcht mich nicht …

Stark ist auch das Lied von Dietrich Bonhoeffer, das er in der Todeszelle verfasst hat. Wohl wissend, dass er demnächst hingerichtet wird:

Von guten Mächten wunderbar geborgen,
erwarten wir getrost, was kommen mag.
Gott ist mit uns am Abend und am Morgen
und ganz gewiss an jedem neuen Tag.

Ich möchte auf dem Sterbebett mein Lieblingslied singen. Hoffentlich versagt dann meine Stimme nicht und bin ich so stark wie Wolfgang und Waltraut.

Ich steh vor dir mit leeren Händen, Herr;
fremd wie dein Name sind mir deine Wege.
Seit Menschen leben, rufen sie nach Gott,
mein Los ist Tod, hast du nicht andern Segen?
Bist du der Gott, der Zukunft mir verheißt?
Ich möchte glauben, komm mir doch entgegen.
…
Hast du mit Namen mich in deine Hand,
in dein Erbarmen fest mich eingeschrieben?
Nimmst du mich auf in dein gelobtes Land?
Werd ich dich noch mit neuen Augen sehen?
Huub Oosterhuis

Unser Lebensteppich

Unser Leben lang spinnen wir
und weben an einem riesengroßen Teppich.
Tag für Tag fügen wir feine Fäden verschiedener Farben
zu einem Muster zusammen. Wir knüpfen Knoten für Knoten
und ärgern uns über die Knäuel, die wir nicht entwirren können.
Was für ein wirres Durcheinander! Überall hängen Fäden heraus.
Auch die Farben passen vielfach nicht zusammen. Wir sind verwirrt.
Mein Gott, was sollen die vielen Verknotungen und Verknüpfungen?
Solange wir leben, sehen wir den Teppich nur von der Rückseite.
Doch dann, ja dann, wird er mit einem Mal von vorne sichtbar.
Mit großen Augen schauen wir ein farbenprächtiges Muster.
Wir können nur staunen, wie aus diesem ganzen Wirrwarr
mit den unzähligen unseligen Knoten und Knäueln
etwas so Wunderschönes geworden ist.
Unser Lebensteppich.

Zu guter Letzt

*Mein Gott,
wenn ich zu dir heimkehre,
hältst du mein Buch
in deinen Händen.*

*Dann eröffnest du mir
den Titel meiner Geschichte
und wirst mir auch sagen,
was du dir dabei gedacht hast.*

*Dann werde ich mein Leben
mit deinen gütigen Augen sehen
und auch die dunklen Seiten
ganz anders betrachten.*

*Dann werde ich erkennen,
wie du auf krummen Zeilen
gerade geschrieben hast –
auch das letzte Kapitel.*

*Mein Gott,
wenn ich zu dir heimkehre,
hältst du mein Buch
in deinen Händen.*

Quellennachweis

S. 71: nach dem Gedicht von Margaret Fishback Powers

S. 101: Dietrich Bonhoeffer, Widerstand und Ergebung, „Von guten Mächten“ (7. Str.); © 1998, Gütersloher Verlagshaus, Gütersloh, in der Verlagsgruppe Random House GmbH

ebd: Huub Oosterhuis, „Ich steh vor dir mit leeren Händen …“, aus dem Niederländischen übertragen von Lothar Zenetti, GL 621; © Christophorus in der Verlag Herder GmbH, Freiburg i. Br., 1973

Sollten, trotz gründlicher Recherche nach Urhebern von Fremdtexten, im Einzelfall Nachweise nicht korrekt sein oder die Erlaubnis des Abdrucks fehlen, sind wir für entsprechende Hinweise dankbar.

Verlag Katholisches Bibelwerk GmbH